KLHE *finance*

Über den Autor

Christopher Klein zählt zu den bekanntesten Finanzbuchautoren Deutschlands. Im Alter von 26 Jahren schrieb er, gemeinsam mit Co-Autor Jens Helbig, die ersten beiden Werke „Tag auf Tag im Hamsterrad" und „Der Hamster verlässt das Rad". Seine Bücher „Nine to five muss nicht sein" (2017) sowie „Ökoethinvesting" (2018) wurden ebenfalls zu Amazon-Bestsellern und in prominenten Finanzmagazinen empfohlen (Bank & Umwelt 11/2018).

Die Finanzliteratur von Christopher Klein unterscheidet sich grundlegend von anderen Werken in diesem Themengebiet. Während deutsche Finanzbücher in der Regel trostlos, langweilig und theoretisch sind, ist die Motivation von Klein der Gegenentwurf. In seinen Büchern schildert er die wahren Probleme und Herausforderungen unserer Zeit und bietet in einfachen Worten Lösungen, basierend auf eigenen Erfahrungen, praxisbezogenen Strategien und unmittelbar umsetzbaren Do-It-Yourself-Anleitungen. Sein Motto: „Schluss mit langweiligen Finanzschinken!".

Die Bücher von Christopher Klein:
Autorenwebseite: *https://www.klhe.de*
Amazon: *https://www.amazon.de/-/e/B00LPWD4VY*

Der Autor ist stets offen für Feedback und Rückfragen. Der interessierte Leser kann ihn über die E-Mail-Adresse *ck@klhe.de* kontaktieren.

Ökoeth-investing

Geld ökologisch-nachhaltig und ethisch-sozial anlegen und intelligent investieren:
Profitiere vom Megatrend Nachhaltigkeit und faire Geldanlage (ganz ohne Verzicht auf Rendite!)

3. Auflage

Von Christopher M. Klein

Bibliografische Information der Deutschen Nationalbibliothek
Die Deutsche Nationalbibliothek verzeichnet diese Publikation in der Deutschen
Nationalbibliografie; detaillierte Daten sind im Internet abrufbar über:
http://dnb.dnb.de

Für Fragen und Anregungen:
ck@klhe.de

Ökoethinvesting
3. Auflage, 2020
Erstauflage 2018 von Christopher Klein
Ein Imprint der GbR:
Christopher Klein & Jens Helbig
Hortensienstr. 26
40474 Düsseldorf

Haftungsausschluss:
Alle in diesem Buch enthaltenen Angaben, Ergebnisse, Hinweise etc. wurden von Autor
und Verlag nach bestem Wissen erstellt. Sie erfolgen ohne jegliche Verpflichtung oder
Garantie des Autors oder Verlags. Sie übernehmen deshalb keinerlei Verhaftung und
Haftung für etwa vorhandene Unrichtigkeiten.

Lektorat: Katharina Myslowski
Layout: Stefan Valerio Meister, Lucas Graßmay
Cover: Stefan Valerio Meister – *www.stefanvaleriomeister.de*
ISBN-13: 978-3-947061-88-4

Weitere Informationen:
Autorenwebseite: *www.klhe.de*
Amazon: *https://www.amazon.de/-/e/B00LPWD4VY*

⚕️ Bonus-Material zum Buch

Anwendbarkeit steht in unseren Büchern immer an erster Stelle. Statt langweiliger Theorie erhältst du von uns praxisorientierte Do-It-Yourself-Strategien, die wir selbst konzipiert und getestet haben. Mit gutem Gewissen und aus Überzeugung geben wir sie daher an dich weiter.

Da uns deine Entwicklung am Herzen liegt, haben wir jede Menge Bonusmaterial und praktische Tools auf Lager, um dein finanzielles Wissen auszubauen. Trage dich unbedingt für unsere kostenlosen Finanz-Updates ein. Neben praktischem Download-Material und tollen Angeboten und Aktionen, erhältst du etwa einmal pro Woche wichtige Tipps und spannende Praxis-Anleitungen für deine zeitliche und finanzielle Freiheit – kostenlos.

Trage dich jetzt unter folgendem Link ein:
www.klhe.de/finance/bonus

Presse- und Kundenstimmen

Daniel Wagner von Investor-Stories:
»*Christopher Klein ist mehrfacher Bestsellerautor und nachhaltiger Investor. Sein Geld investiert er mittlerweile fast ausschließlich in nachhaltige Geldanlagen. Dazu zählen sehr interessante Crowdinvesting-Projekte, aber auch klassische ETFs mit dem Fokus auf Nachhaltigkeit [...].*«

https://investor-stories.de/investor-story-christopher-klein/

Dr. Jürgen Nawatzki von ETF-Blog:
»*Wer sich für ökologisch-nachhaltiges und ethisch-soziales Investieren interessiert – wie zum Beispiel viele Millennials – der findet in diesem Büchlein mannigfaltige Anregungen. Und das, ohne auf Rendite verzichten zu müssen. Hier macht der Autor mehrfach deutlich, dass nachhaltiges Investieren nicht zu Lasten der Rendite gehen muss.*«

etf-blog.com/oekoethinvesting-rezension-eines-wichtigen-buches/

Die besten Finanzbücher:
»*du willst dein Geld vermehren und dabei etwas Gute für deine Umwelt tun? Christopher Klein hat einen Vorschlag: Ökoethinvesting. Eine ökologische und ethisch-soziale Investmentstrategie wäre genau dein Ding? Wie das funktionieren könnte und wie so ein Musterdepot aussehen könnte, stellt dir Christopher Klein in Ökoethinvesting vor.*«

die-besten-finanzbuecher.de/oekoethinvesting-by-christopher-klein/

Podcast zum Buch: die-besten-finanzbuecher.de/folge7/

Buchempfehlung bei Bettervest:
»*Ökoethinvesting mag vielleicht nicht jedem sofort ein Begriff sein. Es ist eine Zusammensetzung aus den Begriffen ökologisch, ethisch und investing. Das Buch von Christopher Klein eignet sich für jeden, der diese drei Bereiche kombinieren und sich darüber informieren möchte. Sprich, sein Geld nachhaltig investieren und strategisch vermehren, ohne der Natur oder Menschen zu schaden. Die Pauschalaussagen, man könne sein Geld nicht ökologisch-nachhaltig und ethisch-sozial anlegen ohne hierfür massiv auf Rendite zu verzichten, gehört seit*

einigen Jahren der Vergangenheit an. Das Buch „Ökoethinvesting" führt von der Theorie nachhaltiger Investments Schritt-für-Schritt in die Praxis nachhaltiger Geldanlagen. Es bietet Strategien, wie man sein Geld nachhaltig investieren und ökologischen Vermögensaufbau betreiben kann. Außerdem findet man in ihm einen Ratgeber zur Auswahl des richtigen Tagesgeldkontos. Klein zeigt auf, dass es grüne und ethische Renditen eben doch gibt. Teilweise sogar ohne Verzicht.«

bettervest.com/de/2018/11/09/nachhaltig-investieren-handeln-buchempfehlungen/

Carsten von Finanziell Fit:

»Wenn du dich näher mit dem Thema „nachhaltige Geldanlage" beschäftigen möchtest, ist das Buch von Chris auf jeden Fall ein guter Anfang.«

finanziellfit.de/nachhaltige-geldanlage-lohnt-sich-das-ueberhaupt/

Forest Finance:

»Geld ökologisch-nachhaltig und ethisch-sozial anlegen, so beschreibt Christopher Klein seine Wortschöpfung Ökoethinvesting. Mit seinem gleichnahmigen Buch liefert er eine gelungene Momentaufnahme des aktuellen Marktes für Grüne Geldanlagen in Deutschland. Neben einem Ratgeber zur Auswahl des richtigen Tagesgeldkontos und zum ökologischen Vermögensaufbau liefert das Buch acht Strategien zum ökologisch-nachhaltigen und ethisch-sozialen Investieren. Grüne Geldanlagen, wie unter anderem nachhaltige börsengehandelte Fonds (ETFs), Crowdinvesting oder Walddirektinvestments werden festumrissen erklärt und das Für und Wider von Investments in die jeweiligen Anlageklassen erörtert. [...] Der Autor gebraucht eine klare Sprache, die auch unerfahrenen Anlegern einen einfachen Zugang in die komplexe Materie der nachhaltigen Vermögensanlagen bietet. Klein begegnet dem Leser auf Augenhöhe, ohne in herablassendes „Mansplaining" zu verfallen und verzichtet auf die in der Finanzwelt verbreiteten Vertriebsfloskeln. Ökoethinvesting ist Finanzliteratur, die im persönlichen Belletristik-Lesekanon Abwechslung im Stile eines betriebswirtschaflichen Infotainments bietet. Analysten und Freunde umfänglicher Finanzfachliteratur werden mit den 158 Seiten nicht auf ihre Kosten kommen. Für Einsteiger ist das Buch aber eine Leseempfehlung wert, denn es bietet Orientierung in einem komplexer werdenden Markt.«

finanziellfit.de/nachhaltige-geldanlage-lohnt-sich-das-ueberhaupt/

Inhaltsverzeichnis

7   **Vorwort von Gisela Enders**

10   **Zwei Fliegen mit einer Klappe**

14   **Eine Standortbestimmung**

15   Wo stehen wir aktuell?
17   Wo führt das noch hin?
21   Was bewirken nachhaltige Geldanlagen?
26   Was heißt ökologisch bzw. ethisch-sozial?

30   **Nachhaltige Geldanlagen**

32   Das magische Investment-Viereck
35   Kriterien für nachhaltige Geldanlagen
40   Die Sache mit der Rendite
44   Die Sache mit dem Risiko
47   Die Sache mit der Diversifikation
49   Die Sache mit der Laufzeit (Anlagehorizont)
51   Die Sache mit dem Rebalancing

53 Nachhaltige Geldanlagen – ein Megatrend?

54 Megatrend Nachhaltigkeit: Gründe & Vorteile

56 Welche Megatrends gibt es?

57 Megatrend 1: Erneuerbare Energien

58 Megatrend 2: Ernährung und Versorgung

59 Megatrend 3: Nachhaltige Wirtschaft

60 Megatrend 4 : Wohnen und Bauen

61 Megatrend 5: Soziales und Gesundheit

63 Ökoethinvesting in der Praxis

64 Vorbereitung für Ökoethinvesting

65 Deine finanziellen Voraussetzungen und Ziele

67 Die richtige Bank

71 Depot, aber wo?

72 Bevor es losgeht: Mehrkontenmodell und Sparquote

74 Strategie 1: Die Klassiker Tagesgeld, Festgeld und Sparbrief

75 Tagesgeld

76 Festgeld

77 Sparbuch und Sparbriefe

78 Strategie 2: Nachhaltige Anleihen

79 Staatsanleihen

82 Unternehmensanleihen

84 Die nachhaltige Bond-Ladder

86 Strategie 3: Nachhaltige Aktien

87 Wichtige Fakten zu nachhaltigen Aktien

90 59 ökologisch-nachhaltige (grüne) Aktien

94 49 ethisch-soziale Aktien

99	**Strategie 4: Nachhaltige ETFs**
100	Was sind (nachhaltige) ETFs?
101	Was ist ein ETF-Sparplan?
102	Neun irre Vorteile von ETFs
105	Einstiegszeitpunkt egal: Cost Average Effekt
106	Cost Average Effekt graphisch: Investitionseffekt
107	Nachteile von ETFs
109	Vorsicht bei Gebühren und Kosten
110	Verblüffender Renditevergleich zwischen klassischen und nachhaltigen ETFs
111	36 nachhaltige ETFs
117	Altersvorsorge 2.0 mit nachhaltigen ETFs
119	**Strategie 5: Nachhaltige aktive Fonds**
122	Vorteile aktiv verwalteter Fonds gegenüber ETFs
123	31 ökologisch-nachhaltige und ethisch-soziale Investmentfonds
126	Komplett automatisiert mit Visual Vest
127	**Strategie 6: Mikrofinanzfonds – ziemlich cool**
128	Was sind Mikrofinanzfonds?
130	Vorteile, Nachteile und Rendite
132	13 interessante Mikrofinanzfonds im Fokus
136	**Strategie 7: Nachhaltiges Crowdinvesting**
137	Was ist Crowdinvesting?
139	Vorteile und Rendite
141	Neun interessante, nachhaltige Plattformen
143	**Strategie 8: In Bäume investieren**
144	Vorteile und Renditechancen
145	Wie und wo in Holz investieren?

148 Sechs nachhaltige Musterportfolios

150   Person 1 (bis 35 Jahre, hohes Risiko)
151   Person 1 (bis 35 Jahre, hohes Risiko)
152   Person 2 (bis 55 Jahre, mittleres Risiko)
153   Person 2 (bis 55 Jahre, mittleres Risiko)
154   Person 3 (ab 55 Jahre, niedriges Risiko)
155   Person 3 (ab 55 Jahre, niedriges Risiko)

158 Bonus: Mit Nachhaltigkeit Unternehmer werden

161   Orientierungshilfe für Unternehmer im Sektor Nachhaltigkeit
162   Sechs geniale Tricks für künftige „Ökoethpreneure"

169 Ökoethinvesting reicht nicht!

Vorwort
von Gisela Enders

Viele Menschen kaufen Bioprodukte, sie fahren Fahrrad und sie trennen selbstverständlich ihren Müll. Die Entwicklung der Welt liegt ihnen am Herzen. Immerhin haben wir nur eine und insgesamt gehen wir mit dieser gerade nicht besonders pfleglich um. Umso lobenswerter, wenn immer mehr Menschen in ihren Lebensbereichen darauf achten, dass sie der Welt nicht noch mehr Schaden zufügen.

Beim Thema Geldanlage kommen sie aber schnell an ihre Grenzen. Es gibt zwar reichlich Angebote, die mit dem Label Nachhaltig Werbung machen, aber es fällt schwer, diese Anlagen zu verstehen und, ganz wichtig, den Spreu vom Weizen zu trennen. Nachhaltig kann vieles sein, einiges ist oft nur das geringste Übel in einer bestimmten Industrieklasse. Aber wer will schon das energiesparendste Atomkraftwerk in seinem Portfolio haben? So einfach ist es eh nicht, es wäre dann der entsprechende Energieanbieter, der dieses Atomkraftwerk betreibt. Aber auch den möchte ich nicht in meinem Portfolio haben, weder als Einzelaktie, noch in einem ETF oder in einem aktiven Fond.

Was es auch im ökologischen, ethischen und nachhaltigen Bereich dringend braucht, ist Geldbildung! Wir müssen selber verstehen können, nach welchen Kriterien Produkte entwickelt werden, wie unterschiedliche Anlageformen im ökologischen und ethischen Bereich aussehen und welche Chancen und Risiken sie jeweils mit sich bringen. Für die Welt genauso wie für unseren Geldbeutel. Denn auch eine Windenergieanlage, die toll für die Energieerzeugung ist, aber am Ende aus irgendwelchen Gründen pleite geht und wir möglicherweise erst dann feststellen, dass vor unserem Darlehensvertrag das kleine Wörtchen nachrangig stand. Blödes Wort. Wir enden nicht nur mit 0% Rendite sondern mit 100% Verlust. Ob es die Welt besser macht, sei dahingestellt, für die betroffenen Personen ist es einfach eine ausgesprochen negative Form der Geldanlage gewesen.

Das hier vorliegende Buch gibt einen guten ersten Überblick, wo und wie man Geld nachhaltig anlegen kann. Es ermuntert, die eigene Anlagestrategie ethisch und ökologisch auszurichten und stellt gleichzeitig so viel Vielfalt vor, dass sich die eigene Strategie breit und damit hoffentlich risikominimiert aufstellen lässt. Was fehlt sind Lebensversicherungen und auch der Teil zu aktiv gemanagten Fonds ist recht kurz. Obwohl es in diesen beiden Bereichen schon recht viele Angebote gibt. Ich kann den Autor verstehen. Der Nachteil bei beiden Produktgruppen sind relativ hohe Gebühren, diese schmälern die Rendite. Eine Lösung für Menschen, die sich mit Geldbildung nicht viel befassen wollen. Wer dieses Buch liest, bekommt Geldbildung und kann sich danach eine eigene Anlagestrategie basteln. Die kommt mit weniger Gebühren und hoffentlich mehr Rendite aus. In jedem Fall mit dem Nutzen, dass die Welt damit besser und lebenswerter wird. Bei allem Streben nach Rendite und Reichtum sollten wir dieses Ziel nicht aus dem Auge verlieren. Denn auch wenn der Spruch uralt ist: Geld kann man nicht essen. Und einatmen auch nicht.

Gisela Enders
Coach im Bereich Geld, NGOs und Existenzgründung

Zwei Fliegen mit einer Klappe

«Die menschliche Natur gleicht einem Wasserstrudel.
Öffnet man ihm einen Ausweg nach Osten, so fließt das Wasser ostwärts;
öffnet man ihm einen Weg nach Westen, so fließt es westwärts.«
Mengazi (Konfuzianischer Philosoph)

Noch vor wenigen Jahren dachte ich, dass unsere Wirtschaftsordnung gänzlich darauf ausgerichtet ist, uns zu modernen «Geldsklaven» zu machen und in einem ungerechten System festzuhalten. Du und ich sollen das System als fleißige Hamster am Laufen halten, damit sich einige Wenige daran bereichern können. Warum sonst besitzt 1 Prozent der Weltbevölkerung weit mehr als die Hälfte des weltweit vorhandenen Vermögens? Wie kann es sein, dass die reichsten 10 Prozent der Bevölkerung nahezu allen Wohlstand bündeln und dem Rest nichts, oder gar nur eine Last aus Schulden bleibt? Es muss sich um Geld handeln, das unmöglich selbst verdient worden sein kann. Vielmehr sammelt und vermehrt es sich durch die Möglichkeiten, die das System bietet, zu immer größeren Reichtümern.

Jahrelang versuchte ich diese Ungerechtigkeit anzuprangern. Doch wie David kam ich gegen die Goliaths des Systems (Lobby und Macht) kaum an. Als pragmatisch denkender Mensch kam ich zu dem Schluss dieses Missverhältnis subtiler umkehren zu wollen. Heute weiß ich, dass die praktikabelste Lösung darin liegt, meine Leser darin zu bestärken, sich derselben Methoden, Strategien und Werkzeuge zu bedienen, wie es die Superreichen tun. Dies scheint mir nach wie vor die einzig realistische Lösung zu sein, eine immer schneller zunehmende Ungleichverteilung aufzuhalten und die Menschen in die Eigenverantwortlichkeit für ihre Finanzen zurückzuholen – vor allem jene, die mit ihrem Geld wirklich Sinnvolles tun möchten. Dazu Vermögen aufzubauen, um damit später (sinnlose) Konsumwünsche zu befriedigen, möchte dieses Buch nicht motivieren.

Ich bin der festen Überzeugung, dass wir uns der Verantwortung für die aktuelle Situation der Erde und ihrer Gesellschaften stellen müssen. Andernfalls werden wir uns aufgrund unseres vermeintlichen Fortschritts am Ende durch ökologische und soziale Probleme selbst vernichten. In meinen Augen bleibt uns keine andere Wahl, als intelligent, strategisch und sensibilisiert für die ökologischen und ethisch-sozialen Fragestellungen vorzugehen. Hierfür spielen nachhaltige Geldanlagen eine immer wichtigere Rolle.

In diesem Buch zeige ich dir, wie ich mein Geld auf nachsichtige und vertretbare Art und Weise investiere und vermehre. Heutzutage ist es nicht mehr schwer ökologische oder soziale Geldanlagen mit Renditen und nachhaltigem, positivem Einfluss zu verbinden. Statt eines «Entweder-Oder» rückt die Kombination von finanzieller Rendite und Nachhaltigkeit (ideelle Rendite) immer mehr in den Fokus. Für mich funktioniert dieser Weg ausgezeichnet und auch du kannst ihn einschlagen. Renditegarantien gibt es natürlich keine; auch hat die Geschichte gezeigt, dass Finanzkrisen eher die Regel als die Ausnahme sind. Stelle dich also schon mal auf zeitweilige Verluste ein. Sofern du aber, so wie ich, ein Investortyp bist, der Krisen stoisch aussitzt und einen langfristigen Anlagehorizont im Blick hat, stehen die Chancen gut, dass du dich am Ende auf der Gewinnerseite wiederfindest – und das nicht nur in finanzieller Hinsicht.

Mit der Investition in nachhaltige Finanzanlagen können wir zwei Fliegen mit einer Klappe schlagen: ökologische und/oder ethisch-soziale Einflussnahme sowie monetäre Rendite. Wir müssen unser Geld heute nicht mehr in menschenfeindliche Industrien wie Waffen, Rüstung oder Kernenergie stecken, um uns über attraktive Renditen zu freuen. Im ökologisch-nachhaltigen und ethisch-sozialen Anlagesektor ließen sich im letzten Jahrzehnt erstaunliche Entwicklungen beobachten. Das belegt auch der jährliche Marktbericht des FNG (Forum nachhaltige Geldanlagen). Demzufolge stieg die Nachfrage nach nachhaltigen Finanzanlagen in Deutschland um 15 Prozent, in Österreich um 24 Prozent und in der Schweiz sogar um beeindruckende 39 Prozent. Es zeichnet sich ein Megatrend ab, der nachhaltige Finanzanlagen salonfähig macht: Eine ökologisch und ethisch vertretbare Alternative zu konventionellen Anlageprodukten. Schließlich bestätigte Prof. Christian Klein (Universität Kassel) im Rahmen einer Meta-Studie bereits 2014, dass die Rendite nachhaltiger Fonds mindestens genauso hoch sei wie die konventioneller Fonds. Im Rahmen meiner Recherchen und Analysen kam ich zu demselben Schluss.

Was dieses Buch nicht ist

Bevor wir ins Thema eintauchen, möchte ich zu einem sensiblen Thema noch anmerken – ich bin Pragmatiker! Das heißt, ich suche nach realistischen, umsetzbaren Lösungen für die Praxis. Das erscheint mir gerade in Anbetracht extremer Denk- und Sichtweisen in Bezug auf Nachhaltigkeit sehr wichtig. Mir ist völlig klar, dass meine Strategie kein Allheilmittel ist und sich nicht für jeden Leser eignet. Darauf hinzuweisen ist mir wichtig, schließlich sollst du kein «Finanzroboter» werden. Statt Vorschläge, Strategien und Methoden blind zu übernehmen, möchte ich dich darin bestärken, deinen ganz eigenen Weg zu gehen, einen Weg, der für dich und deine Moralvorstellungen passend ist. Hierfür findest du am Ende des Buches Quellen und weiterführende Literaturtipps. Ökologisch-nachhaltig und ethisch-sozial zu investieren ist schließlich stark von persönlichen Präferenzen abhängig. Diese sind höchst subjektiv und von Person zu Person verschieden. Den für sich passenden, individuellen Weg zu finden ist dabei die größte Herausforderung.

Wie alle meine Bücher legt auch dieses Buch zunächst ein theoretisches Fundament, um sich anschließend der Praxis zuzuwenden und dir den Einstieg und die Umsetzung so einfach wie möglich zu machen. Auf diesem Weg wünsche ich dir allen erdenklichen Erfolg und stehe dir für Fragen wie gewohnt per Email (*ck@klhe.de*) zur Verfügung. Viel Spaß beim Lesen wünscht dir von Herzen:

Christopher Klein (M. Sc.)

Eine Standortbestimmung

»Alles, was gegen die Natur ist, hat auf Dauer keinen Bestand.«
Charles Darwin (Naturforscher)

Zu Beginn meiner Bücher stelle ich gerne einige Grundüberlegungen an. Ich bin der Meinung, dass man auf einem gemeinsamen theoretischen Fundament aufbauen sollte. Ich werde die notwendige Theorie aber nicht unnötig in die Länge ziehen, sondern versuchen, sie so pragmatisch und verständlich wie möglich zu erklären. Schließlich braucht niemand noch ein weiteres Werk, das durch kompliziertes Fachchinesisch am Ende des Tages niemanden erreicht.

In diesem Kapitel bestimmen wir daher zunächst unseren Standort. Wo stehen wir aktuell? Was passiert, wenn wir weiter so handeln wie bisher? Wohin führt dieser Weg unsere Erde und uns als Menschheit? Hier knüpft die Frage an, was in diesem Kontext nachhaltige Finanzanlagen überhaupt bewirken können und ob sie wirklich ökologisch-nachhaltig und ethisch-sozial sind. Damit schaffen wir eine Basis, einen gemeinsamen Nenner, der spätere Überlegungen leichter nachvollziehbar und für dich individuell anpassbar macht. An dieser Stelle führen viele Wege nach Rom. Jeder Pfad ist durch individuell unterschiedliche Bedürfnisse und Herausforderungen gekennzeichnet. Dennoch gehe ich davon aus, dass wir im Kern ähnliche Ansichten teilen – dieses Buch hättest du sonst sicherlich nicht gekauft. Dieser gemeinsame (emotionale) Nenner wird uns bei notwendigen strategischen Überlegungen im Verlauf des Buches helfen.

Wo stehen wir aktuell?

»Wenn alle Menschen auf der Erde so leben würden wie die Deutschen,
bräuchten wir die Ressourcen von drei Planeten.«
Prof. Meinhard Miegel (Ökonom)

Unserem Globus stehen herausfordernde Zeiten bevor. Der Klimawandel beschleunigt sich; ihn auch nur teilweise zu bremsen, wird zur Herkulesaufgabe. Nur Wenige sind sich darüber im Klaren, dass auch sie ihren Teil zur Veränderung des Klimas beitragen. Wie stark dieser Wandel ist, darüber mögen sich Wissenschaftler streiten. Dass wir aber intensiv Einfluss nehmen, wird heute nicht mehr geleugnet. Indes ist der Klimawandel nur eine der Konsequenzen des menschlichen Tuns. Unser Handeln bewirkt weitere problematische Entwicklungen:

- Die Klimaerwärmung lässt Gletscher und Polkappen schmelzen und den Meeresspiegel in bedrohlichem Tempo ansteigen.
- Die Weltmeere versauern durch Treibhausgase. Die Auswirkungen auf das Meeresökosystem sind unvorstellbar.
- Die explosiv wachsende Weltbevölkerung, die Industrie und die intensive Landwirtschaft verbrauchen immer mehr Süßwasser. 97 Prozent des Wassers auf unserem Planeten ist jedoch Salzwasser.
- Die Biodiversität unseres Planeten nimmt ab. Dabei könnte schon eine Tierart über unseren Fortbestand entscheiden (z.B. Bienen).
- Katastrophen durch Kernenergie (z.B. Fukushima)
- Fossile Brennstoffe gehen zur Neige (z.B. Öl).
- Ausbeutung und Raubbau an der Umwelt durch Unternehmen (die unseren nach wie vor wachsenden Konsumhunger befriedigen).
- Die Armen werden immer ärmer. Das fördert Durst- und Hungerkatastrophen, Flüchtlingswellen und Kriege.
- Menschenunwürdige Arbeitsverhältnisse sind in vielen Branchen an der Tagesordnung (z.B. Baumwoll- und Textilindustrie).
- Verschmutzung der Umwelt (z.B. Chlorindustrie) u.a. durch globale Transportwege (z.B. Containerschiffe).

- Kurzfristige Gewinnmaximierung seitens der Aktiengesellschaften (Shareholder-Value) wird langfristigem Unternehmenserfolg immer häufiger untergeordnet.

Fakt ist, dass diese Liste noch beliebig weitergeführt werden könnte. Die Kernaussage macht sie jedoch deutlich: Die Menschen der ärmeren Länder dieser Welt können sich vor den schwerwiegenden Folgen des Umwelt- und Klimawandels am wenigsten schützen. Hinzu kommt, dass dort, wo der Anteil der Nahrungsmittel an den Gesamtausgaben besonders hoch ist, die Menschen am härtesten getroffen werden. In vielen Entwicklungsländern liegt der Anteil der Lebensmittel an den Gesamtausgaben sogar bei 80 Prozent. Wie soll da noch genügend Geld für Kinder, Unterkunft, Bildung, Medizin und Fortbewegung übrigbleiben? Lebensmittelspekulationen an den Finanzmärkten leisten ihren Beitrag, ein politisches und ökologisches Dilemma mit ökonomischen Mitteln zu verschärfen. Infolgedessen haben zwei Milliarden Menschen auf unserem Planeten noch immer keinen Zugang zu ausreichender medizinischer Versorgung und mehr als eine Milliarde – das ist immerhin jeder siebte – leiden weiterhin unter Mangelernährung.

Den meisten Menschen in den reichen Industrieländern dieser Welt ist das entweder nicht bekannt oder sie verschließen bewusst die Augen vor den Tatsachen. Von klein auf sind wir vom Wohlstand verwöhnt; selbst im schlimmsten aller Fälle landen wir in den Armen des Staates, mit gesetzlicher Krankenversicherung, sicherer Unterkunft und Zugang zu kostenloser Bildung – und dennoch beschweren wir uns.

Ich finde es respektlos und unverantwortlich, wenn Menschen tatsächlich fragen, warum das Schicksal Anderer sie kümmern sollte. Gerne behaupten sie dann, dass sie schlicht viel zu viel zu tun hätten, um sich auch noch die Probleme dieser Welt aufzubürden. In meinen Augen ist das eine faule und bequeme Ausrede dafür, selbst keine Verantwortung übernehmen zu wollen. Dabei wird völlig übersehen, dass uns die Konsequenzen dieses Handelns eines Tages selbst treffen könnten.

Wo führt das noch hin?

»Noch ist Konsumismus das kulturelle Leitbild, das Menschen Sinn, Zufriedenheit und gesellschaftliche Akzeptanz in dem suchen lässt, was sie konsumieren. Doch die Menschheit wird umdenken müssen.«

Erik Assadourian (Worldwatch Institute)

Mir ist bewusst, dass es alles andere als angenehm ist, sich mit den möglichen Implikationen unserer gegenwärtigen Lebens-, Konsum- und Wirtschaftsweise auseinanderzusetzen. Schließlich ist es offensichtlich, dass, wenn wir so weitermachen wie bisher, uns bedrohliche Zeiten ins Haus stehen. Dann ist es für eine Umkehr womöglich schon zu spät. Welche Szenarien sind denkbar?

- Klimaerwärmung und wirtschaftliche Ausbeutung führen zu gewaltigen Migrations- und Flüchtlingswellen.
- Die Versauerung der Weltmeere löscht die marine Welt aus.
- Durch ungebremste Verschmutzung der Umwelt und Raubbau an der Natur vernichten wir unserer ökologische Lebensgrundlage.
- Süßwasser bzw. Trinkwasser wird zum ultimativen Luxusgut und unbezahlbar (Schluss mit Landwirtschaft).
- Ohne fossile Brennstoffe fehlen plötzlich wichtige Energiequellen.
- Vom System Benachteiligte werden noch ärmer. Sie müssen flüchten oder sterben an Durst und Hunger.
- Soziale Spannungen in Unternehmen werden immer größer und provozieren Missstände und Generalstreiks.
- Immer kurzfristigere Gewinnmaximierung zerstört mittel- bis langfristig Industrie und Ökonomie.

Uns muss klar sein, dass diese ökologischen und sozialen Kosten wiederum enorme ökonomische Kosten nach sich ziehen. Auf diesen Überlegungen fußt das sogenannte drei Säulen-Modell, das die drei Dimensionen nachhaltiger Entwicklung ins Auge fasst und zu kombinieren versucht.

Sie bestehen aus:

- Ökonomie
- Ökologie
- Soziales

Das drei Säulen-Modell (auch: triple bottom line) wird Professor Bernd Heins zugeschrieben und entstand in den 90er Jahren. Es zeigt auf, dass alle drei Kriterien möglichst gut miteinander kombiniert werden müssen, um in den verschiedenen Bereichen ein harmonisches Gleichgewicht herzustellen. Aber was verbirgt sich konkret hinter den drei Bereichen?

Ökonomische Nachhaltigkeit
Dauerhaft Erwerbsmöglichkeiten und Wohlstand für alle Beteiligten

Ökologische Nachhaltigkeit
Klima- und Umweltschutz, Artenvielfalt, Biodiversität und ein rücksichtsvoller Umgang mit der Lebensumwelt

Soziale Nachhaltigkeit
Aufhebung sozialer Ungleichgewichte und globale Gleichberechtigung als Grundlage für flächendeckend mehr Lebensqualität

Lange Zeit maß man der gegenseitigen Beeinflussung dieser Faktoren wenig bis gar keinen Wert bei. Heute wissen wir, dass ein Faktor häufig nur zu Lasten eines oder zweier anderer Faktoren maximiert werden kann. Genau deshalb ist es aus ökonomischer Sicht so wichtig, ein gesundes Mittelmaß zu finden. Dort wo die Schnittmenge am größten ist, ergeben sich schließlich die meisten Vorteile für alle Beteiligten.

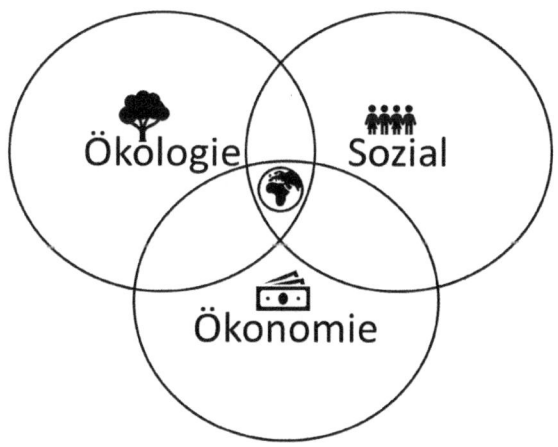

Es wäre sehr einfach mit dem Finger auf die „bösen" Unternehmen zu zeigen und zu schimpfen. Jedoch ist es nicht die Aufgabe der Unternehmen, auf ein Gleichgewicht von Mensch und Umwelt zu achten. Schließlich reagieren sie lediglich auf die von uns generierte Nachfrage und konzentrieren sich primär darauf, ihre finanziellen Gewinne zu maximieren. Es ist vielmehr an uns: Wir können und müssen meines Erachtens auf individueller Ebene Einfluss nehmen – nicht zuletzt mittels bewusstem Konsum und einer nachhaltigen Anlagestrategie. Nur so passen Unternehmen mittelfristig auch ihre Strategie an.

Du und ich, wir müssen gemeinsam Verantwortung für die aktuelle Situation übernehmen, um etwas zu verändern. Glücklicherweise wird das immer mehr Menschen bewusst. Infolgedessen gibt es eine wachsende Bevölkerungsgruppe, die ihr Geld in ökologischen und ethisch vertretbaren Anlageprodukten aufgehoben wissen will. Dieses Verhalten hat einen enormen Trend erzeugt, den Viele kritisch hinterfragen. Auch ich war in dieser Frage lange zwiegespalten. Schließlich wird oft behauptet, dass finanzielle Renditen nicht ökologisch und/oder sozial erwirtschaftet werden können. Und das führt dann zur irrigen Schlussfolgerung, dass es gar keinen Unterschied mache, ob nachhaltig investiert wird oder nicht.

Was bewirken nachhaltige Geldanlagen?

»Viele würden gern ein einfacheres Leben führen,
wenn der Weg dahin nicht so kompliziert wäre.«
Justus Jonas (Hobbydetektiv)

Immer mehr Menschen möchten ihr Geld nicht länger in intransparenten Kanälen verschwinden sehen, sondern wissen, was mit ihrem hart erarbeiteten Kapital geschieht und wofür es verwendet wird. Es besteht darüber hinaus bei immer mehr Anlegern der Wunsch, dass mit ihrem angelegten Geld nicht nur eine positive Rendite generiert wird, sondern auch positiver Einfluss verbunden ist. Und das ist gut so!

Wie du mittlerweile gemerkt hast, nenne ich diesen „neuen" Anlegertyp den „Ökoethinvestor". Ich habe diesen Begriff erfunden, weil er für mich in einem Wort bündelt, was für diesen Menschenschlag im Vordergrund steht. Es handelt sich dabei um einen Investor, der seine Anlagekriterien sowohl um ökologische als auch ethisch-soziale Aspekte ergänzt. Der Ökoethinvestor berechnet seine Rendite somit nicht nur an finanziellen Gewinnen, sondern möchte mit seinen Investments zugleich den positiven Einfluss auf Mensch und Umwelt maximieren. Genau an diesem Punkt stellen sich allerdings zentrale Fragen:

* Können nachhaltige Geldanlagen überhaupt etwas positives bewirken?
* Und wenn ja, was? Und in welchem Ausmaß?

Spätestens an dieser Stelle beginnt in der Regel eine emotionale Diskussion zwischen Idealisten und Ultra-Kapitalisten, denn das Thema „nachhaltiges Investieren" ist ein Pulverfass. Dementsprechend ausgeprägt ist die Bandbreite der Argumente. Von „das bringt doch überhaupt nichts!", bis „mit nachhaltigen Geldanlagen kann man die Welt verändern!", lässt sich jede Meinung finden. Um nicht in dieselbe Falle zu tappen, nähere ich mich der Fragestellung objektiv, indem ich dich schon zu Beginn mit einigen möglichen Auswirkungen ethisch-sozialer und ökologisch-nachhaltiger Investitionen bekannt mache. Später erfährst du noch etwas mehr darüber.

1 Kapitalerhöhungen

Mit Aktien kannst du dich an börsennotierten Aktiengesellschaften beteiligen. Grundsätzlich erwerben wir Aktien meist am Zweitmarkt. Das heißt, dein Geld erhält nicht das Unternehmen, sondern der Verkäufer. Allerdings unterstützt du mit deiner Nachfrage den Aktienkurs des Unternehmens. Je höher der Aktienkurs und je besser der Trend, der sich abzeichnet, umso besser steht es um die Unternehmen. Infolgedessen wird es für die Unternehmen einfacher, zusätzliches Eigen- oder Fremdkapital aufzunehmen. Das ist wichtig, damit Unternehmen Kapital einholen können, das sie für neue Projekte, die Erschließung neuer Geschäftsfelder oder Expansionen einsetzen und damit für Unternehmenswachstum nutzen können.

Darüber hinaus wird ein steigender Aktienkurs mit einem positiven Image assoziiert. Wir verbinden steigende Aktienkurse mit Erfolg, guter Unternehmensführung und finanzieller Rendite. Das wiederum kann das Interesse für die Produkte oder Dienstleistungen des Unternehmens steigern und somit einen positiven Einfluss auf die Absatzzahlen und den realökonomischen Unternehmenserfolg ausüben.

2 Aktive Einflussnahme

Mit dem Erwerb von Aktien bzw. geschlossenen Fondsanteilen erhältst du ein Mitspracherecht. Bei Aktiengesellschaften darfst du zum Beispiel an der jährlichen Hauptversammlung teilnehmen und (unbequeme) Fragen stellen. Dadurch können Anteilseigner mit ihrem Engagement Druck auf die Unternehmensführung hinsichtlich ökologischer oder ethischer Faktoren ausüben. Um diese Rechte als Anleger wahrzunehmen, ist allerdings Eigeninitiative gefragt.

3 Androhung von Desinvestment

Vor einigen Jahren habe ich mich in meiner Masterarbeit „Staatsfonds und Beteiligungsunternehmen: Fluch oder Segen für international agierende Kapitalgesellschaften?" intensiv damit beschäftigt, ob und wie stark das Mitspracherecht, das durch Beteiligungen an Unternehmen erworben wird, in der Praxis wahrgenommen und eingesetzt wird. Oft lässt sich hier die Androhung des Verkaufs von Unternehmensanteilen beobachten. Schließlich verfügen gerade größere Staatsfonds und Beteiligungsunternehmen über genügend Kapital, um mit starken Desinvestitionen Aktienkurse zu beeinflussen und damit folglich das Image des Unternehmens. Sie wirken damit direkt auf die Unternehmensstrategie und -führung ein. Aber auch kleinere Anlegergruppen können sich zusammenschließen und bei Unzufriedenheit mit dem Unternehmen hinsichtlich ethisch-sozialer oder ökologischer Aspekte erwägen, ihre Investitionen abzuziehen, und auf diese Weise Druck auf die Unternehmensführung ausüben.

4 Nachhaltigkeitsfonds sind stark im Kommen

Fonds, insbesondere passiv gemanagte ETFs, sind der neue Supertrend an den Finanzmärkten. Gerade Privatanleger können mit Investitionen in Fonds – ob aktiv oder passiv gemanagt – ein breit diversifiziertes Anlageportfolio erwerben und damit von einem sehr guten Rendite-Risikoverhältnis profitieren.

Eine steigende Nachfrage nach ethisch-sozialen und/oder ökologisch-nachhaltigen Anlageinstrumenten lässt sich auch im Fondsuniversum beobachten. Fonds üben durch ein hohes, häufig mehrere Milliarden schweres Investitionsvolumen insbesondere über die Nachfrage nach der Aktie Druck aus. Schließlich gibt es mittlerweile verschiedene Ansätze sowie Positiv-Screenings und Ausschlusskriterien, um Fonds in Sachen Nachhaltigkeit miteinander vergleichbar zu machen. Verstößt ein Unternehmen gegen die Nachhaltigkeitskriterien des Fonds, wird es aus dem Portfolio genommen. Dieses Desinvestment wirkt sich nicht nur auf die Aktienkurse aus, sondern hat ebenso einen nachhaltigen negativen Einfluss auf das Image des Unternehmens.

Ähnliches lässt sich bei Ökofonds beobachten. Diese fordern immer detailliertere Informationen zu den öko-spezifischen Aktivitäten von Unternehmen. Damit üben sie Druck auf die Unternehmensführungen aus, sich dieser Faktoren intensiver anzunehmen. Sie fördern somit den wichtigen Aspekt der Transparenz des Unternehmens, das überdies, zum Beispiel durch Öko-Labels und Zertifizierungen, einen Imagegewinn bewirken und ein wichtiges Unterscheidungsmerkmal gegenüber der Konkurrenz gewinnen kann.

Grundsätzlich schätze ich die Wahrscheinlichkeit und die Chancen der Einflussnahme durch aktive Fonds deutlich höher ein, als bei passiv verwalteten ETFs. Die Einflussnahme durch ETFs – gerade in Bezug auf die Aktienkurse – erfolgt eher indirekt über ihre Marktmacht.

5 Nachhaltige Banken fördern mit Deinem Geld Projekte

Der Finanzmarkt bietet heute glücklicherweise auch jenen Ökoethinvestoren, die ganz direkten Einfluss mit ihren Investitionen ausüben wollen, eine attraktive Bandbreite an Investitionsmöglichkeiten. Nachhaltige Umweltprojekte sind besonders häufig zu finden. Aber auch Projekte mit sozialer Ausrichtung mischen sich mittlerweile unter das Angebot. Anleger können die für die Realisierung des jeweiligen Projekts notwendigen Geldmittel bereitstellen. Bei der GLS Bank kannst du beispielsweise selbst bestimmen, in welche Projekte dein Geld (z.B. bei Spareinlagen) fließen soll. In der Vergangenheit konnten mit diesem Kapital nicht nur Umweltprojekte im Sektor erneuerbarer Energien, wie beispielsweise Windkraft- und Photovoltaikanlagen finanziert werden, sondern auch Projekte in den Bereichen „Wohnen", „Soziales und Gesundheit", „nachhaltige Wirtschaft", „Ernährung" sowie „Bildung und Kultur".

6 Start-ups und Projekte mit Kapital fördern

Das sogenannte Crowdinvesting ist in meinen Augen eine geniale Erfindung des Fintech-Sektors. Über Crowdinvesting-Plattformen haben wir die Gelegenheit, uns direkt an Projekten, Start-ups und jungen Unternehmen zu beteiligen. Damit stellen wir ihnen notwendiges Kapital zur Verfügung, um den Start zu finanzieren und zu unterstützen. Es ist besonders erfreulich, dass es mittlerweile auch themenspezifische Crowdinvesting-Plattformen gibt, die ausschließlich Projekte oder Unternehmen mit ethisch-sozialen und/oder ökologisch-nachhaltigen Unternehmenskonzepten für Finanzierungsrunden zulassen. Damit können wir mit unserem Kapital ganz gezielt nachhaltige Unternehmen der Zukunft fördern. Diese Art der Finanzierung wird „Impact Investing" genannt.

7 „Entwicklungskredite" vergeben

Im Rahmen der Fintech-Revolution können wir uns als Privatanleger mittlerweile auch an Mikrofinanzfonds beteiligen. Das Geld wird durch Mikrofinanzinstitute, in Form von Krediten, an Menschen in sogenannten Entwicklungs- und Schwellenländern weitergereicht. Gerade die Infrastruktur der Finanzinstitute ist ein wichtiger Faktor für die ökonomische Entwicklung eines Landes. Viele Länder und deren Bewohner können aber von einem Banken- und Kreditsystem wie in den Industrieländern nur träumen. Sie haben häufig keinen oder nur einen stark eingeschränkten Zugang zum Finanz- und Kreditmarkt. Finden Sie einen Kreditgeber, erhalten sie Kredite meist nur zu Wucherzinsen. Diesbezüglich sind wir hierzulande übrigens sehr verwöhnt, schließlich sind Zinssätze von 20 Prozent in vielen Ländern keine Seltenheit – 20 Prozent am Tag! Kleinstkredite, schon 100 Euro, können in vielen Ländern das Leben und Schicksal ganzer Familien zum Positiven wenden. Sie helfen Menschen dabei, eine Existenz aufzubauen und ihren Lebensunterhalt langfristig zu sichern.

Diese sieben Auswirkungen zeigen, wie wir mit unserem Geld sowohl auf die Umwelt, als auch die Lebenssituation vieler Menschen positiven Einfluss nehmen können: Von der Finanzierung zukunftsentscheidender Umweltprojekte, bis hin zu Investitionen, die gegen Nahrungsknappheit und eine auseinanderklaffende Armutsschere wirken. Nichtsdestotrotz bleibt häufig eine zentrale Frage...

Was heißt ökologisch bzw. ethisch-sozial?

»Der Mensch will immer, dass alles anders wird,
und gleichzeitig will er, dass alles beim alten bleibt.«
Paulo Coelho (Schriftsteller)

Im Laufe meiner Zeit als Autor und Blogger erinnere ich mich an viele Diskussionen zu diesem Thema. Schließlich ist es eine Frage, die jeder individuell definiert und dementsprechend subjektiv beantwortet. Während es für Person A ökologisch-nachhaltig ist, hin und wieder mit dem Bus oder Fahrrad zur Arbeit zu fahren, ist es für Person B der vollkommene Verzicht auf tierische Produkte; die einen meiden Fahrzeug mit Verbrennungsmotoren, für andere kommen Langstreckenflüge in einen exotischen Urlaub nicht infrage. Für Person A heißt ethisch-sozial, dass sie ihren Fleischkonsum auf einmal pro Woche reduziert, während es für Person B bedeutet, 100% vegan zu leben. Da diese Positionen sehr weit auseinanderliegen, ist es unmöglich, alle Herzen und Köpfe zufrieden zu stellen. Ohne gemeinsamen Nenner jedoch reden wir aneinander vorbei.

Wie schaffen wir bei dieser Frage eine gemeinsame Basis?

Bevor ich auf die Systematiken des Finanzmarktes eingehe die Instrumente nach bestimmten Nachhaltigkeitskriterien zu bewerten bzw. auszuschließen, möchte ich dir zunächst meine eigenen Gedanken dazu vorstellen. Ökoethinvestoren sind nachhaltig orientiert. Unsere Handlungen müssen in meinen Augen darauf ausgerichtet sein, die natürliche Regenerationsfähigkeit unseres Planeten wiederherzustellen und allen „Erdlingen" ein menschenwürdiges Leben zu ermöglichen. Deshalb habe ich eine Übersicht erstellt und der Verständlichkeit halber persönliche und unternehmerische Faktoren unterschieden. Je mehr Faktoren wir – auch durch unseren Konsum – vereinen können, umso größer wird der Einfluss, den wir nehmen.

1 Individuelle Ebene

- Bewusstes ressourcenschonendes Konsumverhalten
- Investitionen in nachhaltige Finanzanlagen mit realen Erträgen
- Bewusstes Handeln, das Menschen, Tiere und Pflanzen schont
- Wenig (Neues) brauchen und trotzdem genug haben
- Öfter „Gebrauchtes" nutzen
- Kaputtes reparieren, statt der Wegwerfkultur zu frönen
- Nutzung fossiler Energien verringern und erneuerbare fördern
- Projekte unterstützen, die subjektiv ökologisch-nachhaltig sind
- Geld in Unternehmen investieren, die Nachhaltigkeitsfaktoren in ihre Unternehmensstrategie einbauen

Wie wir als Menschen in der Masse handeln, miteinander umgehen, uns umeinander sorgen und was wir in welcher Menge konsumieren, ist aus meiner Sicht ein Spiegel der Nachhaltigkeit auf individueller Ebene. Dieser orientiert sich letztlich am eigenen Gewissen.

2 Unternehmensebene

- Ressourcen beim Produktionsprozess bewusst schonen
- Wiederverwendung (Recycling) statt Raubbau an der Natur
- Förderung erneuerbarer Ressourcen
- Keine sozialen Spannungen und Konflikte fördern (z.B. Gewinne entstehen nicht durch Korruption)
- Kurze Transportwege
- (Ethische) Forschung nach zukunftsweisenden Technologien
- „Human- und Sozialkapital" entwickeln und fördern
- Menschen- und Tierrecht achten
- Soziale Nachhaltigkeit aktiv fördern und nach hohen ethischen Ansprüchen handeln
- Auf langfristige Unternehmensstrategien setzen und bei Entscheidungen den kurzfristigen Blick auf Aktienkurse vermeiden („Shareholder Value")

Unternehmen, die diesen Kriterien folgen, leisten ihren Beitrag zur sozialen, ökologischen und ökonomischen Nachhaltigkeit. Eine nachhaltige Wirtschaft geht Hand in Hand mit einer Gesellschaft, die nicht über ihre Verhältnisse lebt. Dies ist ein pragmatischer Ansatz mit Zukunft.

Nachhaltige Geldanlagen

»Es gibt keinen Unterschied zwischen einem Pessimisten und einem Optimisten, der nichts tut. In beiden Fällen passiert nichts.«
Yvon Chouinard (Kletterlegende)

Heute steht uns eine breit gefächerte Palette an Finanzprodukten zur Verfügung. Seit einigen Jahren beobachte ich die Entwicklungen im Sektor der nachhaltigen Finanzanlagen intensiv. Es freut mich enorm, dass sich auf diesem Gebiet im letzten Jahrzehnt viel getan hat. Nichtsdestotrotz lässt gerade die Außenwirkung noch zu wünschen übrig. Schließlich wissen die meisten Menschen, die ihr Geld eigentlich gerne ethisch-sozial und/oder ökologisch-nachhaltig anlegen würden, kaum etwas von der Bandbreite an Möglichkeiten, die ihnen mittlerweile zur Verfügung steht. In einem kapitalistischen System reagieren Märkte mit einer Anpassung des Angebots auf die Nachfrage – häufig schneller, als wir glauben. Genau das bewahrheitet sich auch im Sektor nachhaltiger Geldanlagen. Meines Erachtens fehlt es diesem Sektor schlicht an Bekanntheit. Ein breiteres Wissen um das existierende Angebot könnte helfen die quantitative Nachfrage zu erhöhen und – aufgrund steigender Konkurrenz – das Angebot auch qualitativ zu verbessern.

Klassische Geldanlageprodukte bewertet man vor allem anhand dreier Faktoren: Risiko bzw. Sicherheit, Rendite und Liquidität. Dem klassischen Anleger geht es darum bei möglichst geringem Risiko, eine möglichst hohe Rendite zu erzielen. Für den Ökoethinvestor kommt jedoch eine vierte Dimension hinzu – Nachhaltigkeit. Während die drei klassischen Faktoren quantitativ messbar sind, ist der Faktor Nachhaltigkeit qualitativer Natur. Das zeigt sich auch an den Messmethoden bzw. der Beurteilung nachhaltiger Finanzanlagen.

Das Spektrum reicht von „radikal" bis zum „best class Ansatz", bei dem nur jene Unternehmen aufgenommen werden, die in ihrer jeweiligen Branche – selbst Atomindustrie und Ölförderung – die vorbildlichsten sind. Eine einheitliche Klassifizierung und Vergleichsmethode gibt es bis dato nicht. Eines ist jedoch klar: Je strenger deine Philosophie, desto weniger Anlagemöglichkeiten kommen für dich in Frage. Das wiederum führt zu einer erhöhten Risikokonzentration deiner Investments und einer geringeren Risikostreuung. Mehr dazu findest du im Kapitel „Die Sache mit der Diversifikation".

Damit du nachhaltige Finanzanlagen dennoch untereinander vergleichen und dich für jene entscheiden kannst, die deinen individuellen Präferenzen entsprechen, orientiere dich am sogenannten magischen Viereck der nachhaltigen Geldanlage.

Das magische Investment-Viereck

„Leben, arbeiten und wirtschaften mit der Natur und nicht mehr
länger gegen die Natur ist unser großer Lernprozess."
Dalai Lama

Bevor wir Investitionsentscheidungen, egal welcher Art, treffen, sollten wir uns unbedingt mit dem magischen Rendite- bzw. Investitionsdreieck auseinandergesetzt haben. Es gehört zum fundamentalen ökonomischen Grundlagenwissen. Was kompliziert klingen mag, ist in der Praxis aber ganz einfach zu verstehen. In der klassischen ökonomischen Portfoliolehre ist das sogenannte Investitionsdreieck der Ausgangspunkt aller Überlegungen, da es die drei wichtigen Parameter für Investitionsentscheidungen in Beziehung setzt.

1 Rendite
Rendite beschreibt den Gewinn deiner Investitionen nach Kosten und Steuern – den Ertrag deiner Geldanlagen.

2 Sicherheit/Risiko
Je höher die anvisierte Rendite, desto höher ist auch das Risiko, das du dafür einzugehen bereit sein musst. Bedenke, dass Rendite von Risiko kommt – nicht umgekehrt!

3 Liquidität
Wie einfach, schnell und zu welchen Kosten kannst du deine Investitionen in Bargeld umwandeln? Je einfacher und günstiger das möglich ist, umso liquider ist dein Investment.

Darüber hinaus ist für uns Ökoethinvestoren auch der Faktor ökologische und soziale Nachhaltigkeit ein Anlagekriterium. Daher erweitert sich das Modell um einen vierten Faktor:

4 Nachhaltigkeit

Bei der vierten Dimension geht es uns vor allem um die Verwendung unseres Kapitals. Generell spielen für uns ökologische und/oder soziale Fragen eine Rolle. Darüber hinaus interessieren sich Ökoethinvestoren auch dafür, welche Ziele das Unternehmen generell verfolgt, oder ob es sich in seiner jeweiligen Region engagiert.

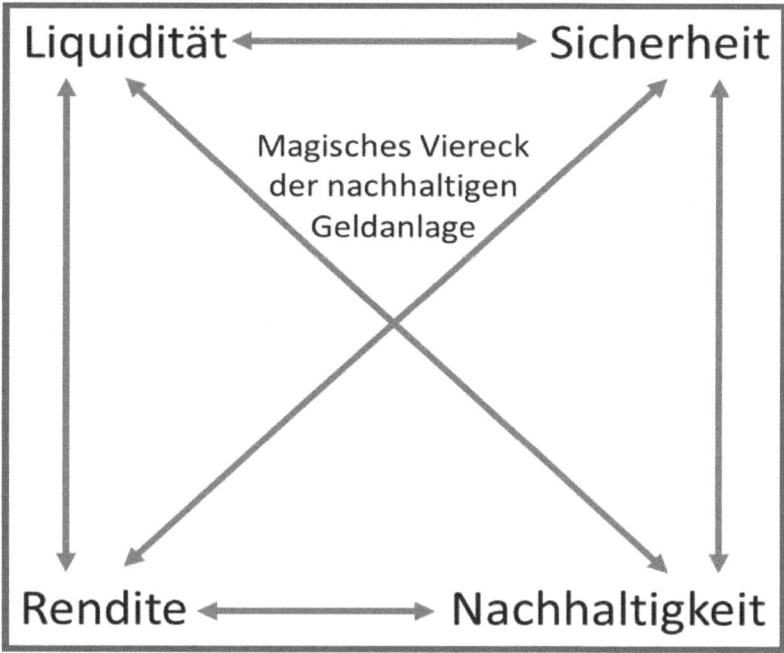

Liquidität ⟷ Sicherheit

Magisches Viereck
der nachhaltigen
Geldanlage

Rendite ⟷ Nachhaltigkeit

Alle vier Dimensionen – Liquidität, Rendite, Sicherheit, Nachhaltigkeit – lassen sich in jeder Geldanlage identifizieren. Zudem ist das magische Viereck ein interdependentes Modell. Das heißt, dass die vier Dimensionen zueinander in Abhängigkeit stehen. Der Anleger muss zwischen ihnen abwägen. Verändert sich ein Faktor, ändern sich auch die anderen drei. Anders ausgedrückt: Je nachdem, welchen Parametern du mehr Bedeutung beimisst, musst du bei anderen Abstriche machen. Mehr Liquidität geht beispielsweise zu Lasten von Rendite und Sicherheit. Mehr Rendite steigert in der Regel das Risiko.

Der Faktor Nachhaltigkeit muss dabei immer gesondert betrachtet werden, da er auf qualitativer Ebene auf deine Investitionsentscheidungen Einfluss nimmt.

Je nachdem, für welche Anlageklasse du dich entscheidest, entsprechen einige Dimensionen deinen Präferenzen mehr und andere weniger. Um eine Entscheidung hinsichtlich des qualitativen Aspekts der ethisch-sozialen bzw. ökologischen Nachhaltigkeit treffen zu können, sind Parameter und Kriterien unabdingbar.

Kriterien für nachhaltige Geldanlagen

»Treffen sich zwei Planeten. Sagt der eine: „du siehst aber gar nicht gut aus!"
Der andere: „Ja, ich weiß. Ich hab homo sapiens."
„Das kenn ich, das geht vorbei!"«

Für Ökoethinvestoren spielen bei der Geldanlage nicht nur die quantitativen Faktoren Liquidität, Sicherheit und Rendite eine Rolle, sondern vor allem der qualitative Faktor Nachhaltigkeit. Oftmals erschwert das die Auswahl der Geldanlage. Schließlich herrscht gerade an den Finanzmärkten, in Anbetracht einer nicht zu überblickenden Vielzahl unterschiedlicher – nicht selten intransparenter – Finanzprodukte (gerade bei Privatinvestoren) häufig Verwirrung.

Während der Finanzkrise 2008 wurde deutlich, dass viele Bankberater die Produkte, die sie empfahlen, selbst nicht durchschauten und zudem von satten Provisionen geblendet waren; häufig sind sie es nach wie vor. Darüber hinaus gibt es bisher keine einheitliche Definition für das qualitative Kriterium "Nachhaltigkeit". In absehbarer Zeit wird sich das auch nicht ändern, schließlich ist es ein überaus subjektives Thema. Nichtsdestotrotz existiert eine Reihe guter Ansätze nachhaltige Geldanlagen zu charakterisieren und von konventionellen Finanzprodukten zu unterscheiden. Im Folgenden möchte ich dir einige der praktikabelsten und meistgenutzten Methoden vorstellen. Bei der Recherche und Auswahl für dein Portfolio wirst du diesen Begriffen immer wieder begegnen.

Die Bandbreite der Messmethoden ist groß. Einige von ihnen sind präzise, andere eher weich und pragmatisch. Letztendlich ist es eine Frage deiner Auffassung und Kompromissbereitschaft. Je enger du Nachhaltigkeit definierst, desto weniger Unternehmen und Projekte kommen infrage und desto weniger Finanzprodukte stehen für die Geldanlage zur Auswahl. Es wird allgemein zwischen drei Methoden unterschieden:

1 Negativ-Screening (Ausschlusskriterien)

Solltest du dich bereits in der Welt nachhaltiger ETFs umgesehen haben, wirst du sicherlich über ETFs gestolpert sein, die ihre Auswahl anhand von Ausschlusskriterien treffen. Dies ist ein Verfahren, das im kirchlichen Sektor, dem Stiftungsbereich und auch bei aktiv verwalteten Fonds seit längerem Anwendung findet. Beim sogenannten Negativ-Screening werden Unternehmen, Branchen und sogar ganze Staaten aus dem Investmentuniversum ausgeschlossen, die aufgrund kontroverser Engagements und Geschäftstätigkeiten gegen festgelegte Nachhaltigkeitskriterien verstoßen. Dieser pragmatischer Ansatz hat jedoch mit Kritik zu kämpfen hat, etwa, da beim Negativ Screening kaum auf die Wertschöpfungskette der Produktion geschaut wird. Unternehmen werden beispielsweise nicht anhand der Nachhaltigkeit der Zulieferer oder Abnehmer beurteilt. Darüber hinaus können auch Unternehmen oder Staaten enthalten sein, denen Verstöße nicht nachgewiesen werden konnten, oder die erst nachträglich nach Bekanntmachung eines Skandals ausgeschlossen werden.

Grundsätzlich sollen Ausschlusskriterien Unternehmen ausgrenzen, die soziale und ökologische Kriterien nicht erfüllen, sowie Schwächen bei der Unternehmensführung aufweisen. Sie orientieren sich beispielsweise an den Normen und Standards der Internationalen Arbeitsorganisation „ILO" (Kernarbeitsnormen), den OECD-Leitsätzen für multinationale Unternehmen oder dem „global Compact" der Vereinten Nationen. Ausschlusskriterien werden allgemein als der am wenigsten strenge Ansatz betrachtet. Nichtsdestotrotz halte ich sie für einen wichtigen Schritt in die richtige Richtung, wie die nachfolgende Liste aufzeigen soll.

Typische Negativkriterien für Unternehmen:
- Nichtbeachtung des Tier- und Pflanzenschutzes (z. B. Tierversuche)
- Missachtung von Menschenrechten (z. B. Todesstrafe in Staaten)
- Abtreibung, Gentechnik, Diskriminierung (z. B. Verbot der Homosexualität)
- Verstoß gegen Arbeitsnormen (z. B. Kinderarbeit)

In der Regel ausgeschlossene Branchen:

- Umweltschädliche Branchen (z.B. Chemie, Chlorchemie)
- Waffen- oder Rüstungsindustrie
- Alkohol- und Tabakindustrie
- Glücksspielindustrie
- Kernkraftindustrie
- Pornoindustrie

Die Liste zeigt, dass sowohl ethisch-soziale als auch ökologische Kriterien überprüft werden. Welche Faktoren bei welchem Wertpapieranbieter zum Ausschluss führen, solltest du immer im Einzelfall prüfen. Einheitlichkeit besteht hier (noch) nicht.

2 Positiv-Screening (Integration von Qualitätskriterien)

Während beim Negativ-Screening mit Ausschlusskriterien gearbeitet wird, werden beim Positiv-Screening eine ganze Reihe von Nachhaltigkeitsfaktoren (nicht selten über 500 Datenpunkte) untersucht und bewertet. Diese Form der Überprüfung lässt sich in der Regel an der Abkürzung ESG oder SRI erkennen. ESG steht für „environmental" (Ökologie), „social" (ethisch-sozial) und „Governance" (Unternehmensführung). SRI steht für „Socially Responsible Investment" (sozial verantwortliche Investition). Beide Ansätze analysieren, inwiefern das Unternehmen hinsichtlich der Kriterien positiven oder negativen Einfluss nimmt. Ich persönlich finde ESG/SRI-Kriterien überaus hilfreich. Sie können eine wichtige Orientierung liefern und beispielsweise bei Hauptversammlungen von Anlegern gegenüber der Unternehmensführung angesprochen und debattiert werden, um die Unternehmenspolitik entsprechend zu beeinflussen.

Bei meinen Recherchen habe ich festgestellt, dass immer mehr Nachhaltigkeitsbewertungen von ETFs und Aktien auf ESG- und SRI-Kriterien beruhen. Sie machen den qualitativen Faktor Nachhaltigkeit durch eine breite Analyse von Positiv-Faktoren quantitativ bewertbar und vergleichbar. Der Vergleich erfolgt meist in Form einer Benotung. Es ergibt sich damit eine Art Rating für Nachhaltigkeit. Diesen Ansatz bezeichnet man häufig als „Best in Class". Es werden beispielsweise nur 25 Prozent der „Klassenbesten" ausgewählt. Investiert wird somit lediglich in Unternehmen oder Staaten, die die Kriterien im Vergleich am besten erfüllen und darin führend sind. Beim bekannten „MSCI-World" werden zum Teil mehr als 500 Kriterien untersucht. Dabei hängt die Gewichtung von der Branche ab (der CO_2-Ausstoß oder Energieverbrauch ist für die Bewertung der Autoindustrie beispielsweise ein sehr viel wichtigeres Kriterium, als für den Versicherungssektor).

Aber auch dieser Ansatz muss sich Kritik gefallen lassen. Schließlich können beim Vergleich (bspw. von Textilunternehmen) Unternehmen ins Portfolio rutschen, die den Ausschlusskriterien nicht hätten standhalten können. Nicht selten sind daher Unternehmen vertreten, deren Umweltbewusstsein oder Unternehmensphilosophie in ethisch-sozialer Hinsicht diskutabel ist, da sie in ihrem Sektor dennoch die nachhaltigste Arbeit leisten.

Typische Positiv-Kriterien:
- Soziale Kriterien (z.B. humane Arbeitsbedingungen, Mitarbeiterumgang, Maßnahmen gegen Diskriminierung, Schulungsprogramme für MitarbeiterInnen, etc.)
- Ökologische Kriterien (z.B. Herstellung umweltfreundlicher Produkte, Anwendung umweltfreundlicher Technologien, Effizienzsteigerung bei Energie- und Ressourcenverbrauch, CO_2-Ausstoß)
- Governance Kriterien (z.B. solides Risiko- und Umweltmanagementsystem, Gesundheitsförderung der Mitarbeiter, unabhängiger Verwaltungs- oder Aufsichtsrat, etc.)

Du siehst, dass sich beide Messmethoden berechtige Kritik gefallen lassen müssen. Jeder Ansatz kann etwas leisten, was dem anderen wiederum fehlt. Das wird auch der Finanzbranche zunehmend klar. Daher lässt sich immer häufiger die Kombination beider Ansätze als Bewertungsgrundlage finden. In meinen Augen ist das die derzeit beste und pragmatischste Herangehensweise. Schließlich sollte es so etwas wie den "nachhaltigste Rüstungshersteller" garnicht geben können. Bei der letztgenannten Methode werden zunächst kontroverse Industrien und Staaten ausgeschlossen und die übrigen Unternehmen und Staaten anschließend einem Positiv-Screening nach ESG/SRI-Kriterien unterzogen und nach „Best in Class" Ansatz gerankt.

3 Impact Investing (konkrete Ziele)

Es gibt noch einen weiteren Ansatz, der hinsichtlich Nachhaltigkeit insbesondere für jene Ökoethinvestoren interessant sein dürfte, die ganz genau wissen wollen, wohin ihr Geld fließt und wofür es verwendet wird. Beim sogenannten „Impact Investing" werden konkrete Projekte und Unternehmen mit spezifischen Zielen gefördert. Das bedeutet, dass dem Anleger in der Regel bereits im Voraus sowohl das Endresultat des Projekts als auch die Rendite bekannt sind. Bei Impact Investments legen wir unser Geld somit stark wirkungsbezogen an. Impact Investing gilt daher als ganz besonders transparent und nachvollziehbar. Immer mehr Anlegern ist es zunehmend wichtig genau nachvollziehen zu können, welchen Einfluss sie mit ihren Investitionen nehmen.

Die Anlageform des Impact Investing bezieht sich insbesondere auf die Förderung konkreter Projekte (z.B. Photovoltaik-Felder oder Windkraftwerke). Für mich gehört aber auch die Förderung und Finanzierung von nachhaltigen Start-ups und jungen Unternehmen zum Impact Investing. Es ist ein Trend, der meiner Meinung nach in den kommenden Jahren noch stark wachsen wird, da es sich bei dieser Investitionsart um die ehrlichste Integration und die direkteste Förderung nachhaltiger Faktoren handelt.

Leider gibt es auch bei diesem Investmentansatz Kritikpunkte. Immer wieder schleichen sich nämlich schwarze Schafe unter die Menge und sammeln unter dem Deckmantel der Nachhaltigkeit Gelder für Projekte ein, die gar nicht nachhaltig sind. Daher müssen die Anbieter ganz genau von dir unter die Lupe genommen und auf Vertrauenswürdigkeit geprüft werden.

Die Sache mit der Rendite

»Im Fall des konsumistischen Paradigmas gehören zu den Grundüberzeugungen,
die geändert werden müssten, der Glaube, dass mehr Dinge glücklicher
machen, dass permanentes Wachstum gut ist, dass Menschen von der Natur
völlig getrennt sind und dass die Natur ein Ressourcenlager ist das für
menschliche Zwecke rücksichtslos ausgebeutet werden sollte.«
Erik Assadourian (Worldwatch Institute)

Während sich die Rendite des klassischen Investors fast ausschließlich am finanziellen Gewinn seiner Investitionen orientiert, ist die Rendite des Ökoethinvestors doppelter Natur. Auch er erfreut sich natürlich an finanziellen Zugewinnen, darüber hinaus zieht er aber zusätzlich einen emotionalen und ideellen Gewinn aus seinen ethisch-sozialen bzw. ökologisch-nachhaltigen – also sinnvollen – Investitionen. Wacker hält sich die Auffassung, nachhaltige Investitionen wären finanziell gesehen weniger rentabel. Woher sie kommt, kann ich mir nicht erklären, zeigt doch eine Vielzahl unterschiedlicher Studien und der empirische Blick auf die Kursentwicklungen verschiedener Wertpapiere nachhaltig handelnder Firmen, dass ökologisch-nachhaltige und ethisch-soziale Investitionen keineswegs mit Renditeeinbußen einhergehen müssen.

Grundsätzlich ist es an den Finanzmärkten wie im wahren Leben. Dort, wo viel zu gewinnen ist, ist auch viel zu verlieren. In der Praxis bedeutet dies, dass Unternehmen, die kurzsichtig handeln, um beispielsweise ihre Aktienkurse im Sinne des Shareholder-Value stetig nach oben zu schrauben, auf mittlere bis lange Sicht volatilere Umsätze verzeichnen. Der Shareholder-Value-Ansatz von Aktiengesellschaften erstrebt die Maximierung des Gewinns für die Aktionäre (Shareholder). Ganz anders stellt sich das mit nachhaltig handelnden und wirtschaftenden Unternehmen dar. Der Fokus richtet sich hier primär auf den langfristigen Unternehmenserfolg. Der Aktienkurs soll diesem positiven Trend letztlich nur folgen.

Finanzielle Rendite muss aber immer aus etwas hervorgehen – eigentlich logisch. Dies ist der Punkt, bei dem die allermeisten Investoren die Augen verschließen. Schließlich sind hohe Renditen häufig mit massiver Ausbeutung von Tier, Mensch und Umwelt verbunden. Und ja, welcher Investor hört schon gerne, dass er mit seinen Geldanlagen dazu beiträgt, Mensch und Natur zu zerstören?

Ökoethinvesting mag sicherlich nicht das Allheilmittel für dieses Dilemma sein. Es könnte jedoch eine positive Entwicklung in Richtung einer umsichtigen und wahrlich nachhaltigen Wirtschaft anstoßen, von der alle Beteiligten profitieren – nicht nur die Anleger! Gelingen kann dies in meinen Augen nur mit gesundem, langfristigem und nachhaltigem Wachstum; einem Wachstum, das mir, als überaus passivem Investortyp, ohnehin viel lieber ist. Ich konzentriere mich daher auf cleveres, weitsichtiges Investieren mit langfristigem Anlagehorizont – nicht auf Spekulation. Mein Geld möchte ich in guten Händen wissen, damit ich meine Investitionen automatisieren kann. Dies hat den Vorteil, dass ich mit minimalem Zeitaufwand langfristig maximale doppelte Rendite erziele. Genau hierfür eignen sich nachhaltige Finanzprodukte, insbesondere die Investition in nachhaltig handelnde und wirtschaftende Unternehmen, meiner Meinung nach, perfekt. Die Wahrscheinlichkeit, dass durch schlechte Unternehmensführung, die Inkaufnahme hoher Risiken oder durch Skandale der Unternehmenserfolg infrage gestellt wird, ist bei nachhaltig denkenden Unternehmen deutlich geringer als bei anderen. Insofern passen ethisch-soziale und ökologisch-nachhaltige Investitionen perfekt zu meinem Profil des Faulbär-Investors, der mit überschaubarem Aufwand größtmöglichen Erfolg anvisiert.

Im ersten Kapitel dieses Buches haben wir uns angesehen, was unser Kapital bewirken kann, wenn wir in nachhaltige Projekte und Unternehmen investieren. An dieser Stelle möchte ich nun noch etwas detaillierter die Frage nach der finanziellen Rendite eruieren. Darauf aufbauend werde ich dieses Thema später, bei der Vorstellung der acht Praxisstrategien, noch einmal ganz genau unter die Lupe nehmen.

Es gibt eine ganze Reihe von Studien, durchgeführt von Universitäten oder Unternehmen wie z.B. der Deutschen Bank oder der Allianz, die bestätigen, dass nachhaltige Geldanlagen in Sachen Rendite nicht schlechter abschneiden als konventionelle. Als Beispiel kann der Natur Aktien Index (NAI) genannt werden. Ein aktiv verwalteter Fonds, der in den letzten fünf Jahren über 82,5 Prozent Zugewinn verzeichnen konnte (Stand: August 2018). Im Jahresschnitt sind das gigantische 16,5 Prozent. Damit vollzog der NAI eine deutlich bessere Entwicklung als der deutsche Leitindex DAX (58 Prozent in den letzten 5 Jahren) oder der klassische Anfänger-ETF auf den MSCI World Index (53 Prozent in den vergangenen 5 Jahren). Ich finde das überaus beeindruckend.

Ähnlich sieht es mit Crowdinvestments für nachhaltige Unternehmen oder nachhaltige Projektfinanzierungen aus. Die Renditen unterscheiden sich in den meisten Fällen kaum von konventionellen Unternehmensanleihen Ergo: Nachhaltige Investments sind alles andere als finanzielle Fallen. Nicht nur können sie Portfolios aus Risikogesichtspunkten wunderbar ergänzen, sondern weisen auch in Renditefragen einen langfristig positiven und stabilisierenden Charakter auf.

Achtung vor dem Rechenfehler!

In Finanzfragen siegen die Emotionen fast immer über den Verstand und die Logik. Daher möchte ich gleich zu Beginn einen der gängigen Denk- und Rechenfehler ansprechen.

Wenn du 50% gewinnst und im Folgejahr 50% verlierst, über wie viel Kapital verfügst du dann?

Im ersten Moment möchte man sagen, dass sich Gewinn und Verlust ausgleichen und man wieder über den Ursprungsbetrag verfügt. Wie du schon vermuten wirst, ist das jedoch falsch. Ein 50 prozentiger Verlust kann nicht durch einen 50 prozentigen Gewinn ausgeglichen werden.

Konkretes Beispiel: Wenn dein Investment von 100 Euro 50 Prozent an Wert einbüßt, fällt es auf 50 Euro. Damit dein Investment wieder zum Ursprungswert zurückkehrt, muss eine Verdopplung stattfinden. Dein Investment muss daher 100 Prozent zulegen, um wieder auf das Ursprungsniveau von 100 Euro zurückzukehren. Dir muss also klar sein, dass ein Wertverlust von 50 Prozent bedeutet, dass dein Investment um 100 Prozent zulegen muss, um wieder seinen Ausgangspunkt zu erreichen. Genau deshalb sind Geduld und ein langfristiger Planungs- und Anlagehorizont bei meinen Investitionen immer die obersten Prämissen.

Die Sache mit dem Risiko

„Die Welt hat genug für jedermanns Bedürfnisse,
aber nicht für jedermanns Gier."

Mahatma Gandhi

Keine Kapitalanlage, nicht einmal das Sparbuch, ist frei von Risiko. Je höher das Risiko ist, desto üppigere Gewinne sind in der Regel möglich. Mit dem Risiko steigt allerdings auch die Wahrscheinlichkeit, dass die Investition stark an Wert einbüßt oder zum Totalausfall wird. Daher gilt es bei Kapitalanlagen stets ein gesundes Gleichgewicht der drei magischen Faktoren Risiko, Rendite und Liquidität zu wahren. Neben einem langfristigen Anlagehorizont heißt der Schlüssel hierzu: Diversifikation – doch dazu gleich mehr. Zunächst möchte ich dir verschiedene Risikoelemente vorstellen, die die Wertentwicklung und Auszahlungen deiner Investitionen beeinträchtigen können. Auf dieser Basis können wir uns anschließend eine solide Strategie zurechtlegen, wie Risiken so gestreut werden können, dass wir am Ende ruhig schlafen und uns an unseren sinnvollen Geldanlagen erfreuen können.

1 Unternehmerisches Risiko

Kurs und Renditen von Projekten oder Aktien werden stark von unternehmensinternen Faktoren (wie Gewinn- oder Umsatzentwicklung) beeinflusst. Dieses Risiko wird unternehmensspezifisches Risiko genannt. Durch eine breite Auswahl deiner Investitionen über viele Anlageklassen und Wertpapiere hinweg kannst du das unternehmensspezifische (unsystematische) Risiko deines Portfolios reduzieren.

2 Branchenrisiko

Ähnlich verhält es sich mit dem sogenannten Branchenrisiko. In der Regel korreliert die Entwicklung von Aktienkursen der Unternehmen einer Branche. Sie verhalten sich in etwa gleich. Das ist nicht weiter verwunderlich, steuern diese Unternehmen doch eine ähnliche Zielgruppe an und nutzen ähnliche Lieferanten. Das branchenspezifische Risiko ist somit für uns Ökoethinvestoren ganz besonders wichtig, vor allem, wenn es um ökologisch-nachhaltige

Geldanlagen geht. Diese fokussieren sich häufig auf den Sektor der „Erneuerbaren Energien" (Positiv-Screening oder Impact Investing) oder schließen ganze Branchen aus (Negativ-Screening) und verstärken damit die Konzentration der übrigen Branchen innerhalb des Ökoethinvestment-Portfolios.

3 Marktrisiko

Das Marktrisiko, auch systematisches Risiko genannt, beschreibt Risiken, die z.B. durch Zins- und Konjunkturveränderungen oder durch politische Ereignisse hervorgerufen werden. Das Marktrisiko betrifft alle Unternehmen (d.h. den gesamten Markt) und ist das einzige Risiko, das du nicht wegdiversifizieren kannst. Dennoch kann es eine Strategie sein, gerade wegen des systematischen Marktrisikos, in nachhaltige Wertpapiere, Unternehmen und Projekte verschiedener Länder zu investieren. Dies kann zumindest einen Teil des nationalen Marktrisikos reduzieren.

4 Währungsrisiko

Mit internationalen Investments beschwören wir aber einen weiteren Risikofaktor herauf: das Risiko von Währungsschwankungen. Hier sind insbesondere Fonds und ganz speziell größere ETFs betroffen (z.B. der All Country World SRI). Diese werden nicht selten nur in US-Dollar aufgelegt. Nun können Währungen gegenüber dem Euro stärker (Aufwertung) oder schwächer (Abwertung) werden. Genau das muss unbedingt in deine Investitionsgleichung einfließen. Schließlich können diese Währungsschwankungen entweder zusätzliche Verluste generieren, oder weitere Ergebnisverbesserungen bewirken. Umgehen lässt sich dieses Risiko beispielsweise mit währungsgesicherten ETFs. Diese tragen oft den Zusatz „hedged".

5 Liquiditätsrisiko

Liquidität ist einer der vier magischen Investitionsparameter und bezieht sich auf die Handelbarkeit bzw. Umwandelbarkeit von Investitionen in Bargeld. Je einfacher, günstiger und unkomplizierter dies möglich ist, umso höher ist die Liquidität der Geldanlage. Während beispielsweise Crowdinvestments eine sehr niedrige Liquidität aufweisen, sind Aktien hochliquide. Als Ökoethinvestoren steht auch uns mittlerweile die gesamte Palette an Anlageklassen zur Verfügung. Sicherlich sollten wir dem Liquiditätsaspekt bei unseren Investitionen Aufmerksamkeit schenken. Da mein persönlicher Anlagehorizont jedoch ein sehr langfristiger ist, bin ich gerne bereit Liquidität für mehr Rendite einzutauschen.

Grundsätzliches zum Risiko

Je unabhängiger die verschiedenen Risikofaktoren innerhalb der Werte deines Portfolios sind, desto geringer wird dein Gesamtrisiko. Je mehr Investitionen in verschiedenartige Anlageklassen, Projekte und Unternehmen du tätigst, umso niedriger ist selbstverständlich auch dein Gesamtrisiko. Daher empfehlen die meisten „Börsengurus" das Portfolio, in Abhängigkeit von der persönlichen Präferenzen, mit drei Risikoklassen zu füllen:

1. Investitionen mit niedrigem Risiko und daher niedriger Rendite
2. Investitionen mit moderatem Risiko und moderater Rendite
3. Investitionen mit hohem Risiko und hoher Rendite

Je nachdem, für welche Assetklassen und Produkte du dich entscheidest, letztlich wirst auch du zwischen diesen drei Risikoklassen, in Anlehnung an deine persönliche Präferenz (und dein Alter), wählen müssen.

Die Sache mit der Diversifikation

„Sammle deinen Reichtum, ohne seine Quellen zu zerstören,
dann wird er beständig zunehmen."

Siddhartha Gautama (Begründer des Buddhismus)

Diversifikation zu verstehen ist nicht nur an der Börse, sondern für jedes Geschäftsmodell bedeutsam. Diversifikation bedeutet eine Streuung der Investitionen mit dem Ziel das Risiko zu reduzieren. Wie funktioniert das?

Stelle dir vor, du musst deine Apfelernte über den Winter bringen. Tust du alle Äpfel in einen Korb, reicht ein fauler Apfel, um alle anderen Äpfel anzustecken und deine gesamte Ernte zu vernichten. Wenn du deine Äpfel aber in viele verschiedene Körbe verteilst, schaden dir ein Korb voll fauler Äpfel weniger.

Exkurs: Das CAPM von Harry Markowitz

Harry Markowitz veranschaulichte in den 50er Jahren mit seiner Portfoliotheorie die Grundlage für das noch heute gültige „Capital Asset Pricing Model" (CAPM). Es besagt, dass eine höhere Streuung von Risiken zu höheren Renditen bei geringerem Risiko führt. Jenes Risiko, das hierbei jedoch nicht vermieden werden könne, sei das Markt- bzw. systemische Risiko (auch als „Beta-Faktor" bezeichnet). In einfachen Worten: Je mehr Anlageklassen du Deinem Investment-Portfolio hinzufügst, desto geringer ist dein Risiko. Man spricht von Korrelation bzw. der Abhängigkeit der Entwicklung von Wertpapierkursen. Je ähnlicher die Kurse auf ein Ereignis reagieren, umso höher die Korrelation (Abhängigkeit). Dies erhöht das Risiko im Portfolio (Beispiel: gleiche Branchenzugehörigkeit oder Abhängigkeit vom selben Lieferanten).

Je größer die Anzahl deiner Anlageklassen und Wertpapiere und je verschiedener, umso geringer ist dein Risiko gerade langfristig Geld zu verlieren. Nur das systemische Risiko, dem alle Wertpapiere unterliegen, lässt sich nicht vermeiden. Dieses Risiko entsteht zum Beispiel, wenn fiskal- oder finanzpolitische Entscheidungen (z.B. Regulierungen) getroffen werden. Auch Krisen an Finanzmärkten ziehen meist den gesamten Markt in Mitleidenschaft.

Ich habe bereits angesprochen, dass Ausschlusskriterien im Rahmen von Negativ-Screenings die Diversifikation erschweren, da nicht nur unzureichend ethisch und/oder ökologisch handelnde Unternehmen, sondern ganze Branchen und Industrien ausgeschlossen werden. Je enger Ausschlusskriterien gefasst werden, umso schwieriger ist es, überhaupt Unternehmen zu finden, die den Kriterien entsprechen. Das schränkt unsere Auswahl ein und erhöht die Konzentration weniger Branchen oder Unternehmen und damit auch das Risiko. Ähnliches lässt sich bei Positiv-Screenings beobachten. Sie schränken nicht selten die Möglichkeiten der Manager zur Gewinnmaximierung ein. Tja, genau deshalb investieren wir ja auf diese Weise, magst du sagen, um unverantwortliches Verhalten nicht auch noch zu belohnen. Richtig! Ich möchte aber so ehrlich sein und auf dieses etwaig höhere Risiko durch eingeschränkte Diversifikationsmöglichkeiten hinweisen. Es ist ein Aspekt, den wir Ökoethinvestoren gerade bei emotionalen Entscheidungen – und das sind ethisch-soziale bzw. ökologisch-nachhaltige Wertanlagen häufig – ganz schnell übersehen.

Auf der anderen Seite möchte ich aber betonen, dass viele der angesprochenen Nachteile in meinen Augen durch die Vorteile einer nachhaltigen Ausrichtung und Unternehmensführung mit langfristigem Planungshorizont aufgewogen werden.

Die Sache mit der Laufzeit (Anlagehorizont)

„Bald haben wir den Peak everything."
Prof. Dr. Elmar Altvater (Politikwissenschaftler)

Der Börsenguru André Kostolany sagte einmal: „An der Börse sind zwei mal zwei nicht vier, sondern fünf minus eins – und man muss die Nerven haben, dieses minus eins auszuhalten." Diese Worte klingen einfach und logisch. Ich erlebe aber immer wieder, dass die meisten Privatanleger gegen diesen Ratschlag verstoßen. Sie lassen sich früher oder später und spätestens dann, wenn das Portfolio ein rotes Minus aufweist, von ihren Gefühlen leiten und realisieren Verluste.

In meinen Augen sollten wir als Privatinvestoren die Finger von aktiven Investments am Finanzmarkt lassen. Das heißt, dass Trading oder Spekulationen nicht das sind, womit sich 99 Prozent aller Investoren ein Vermögen aufbauen werden. Sie treten schließlich gegen die Goliaths der Finanzwelt an, die sehr viel besser informiert und ausgestattet sind. Da Ökoethinvestoren klar sein sollte, dass ihre Geldanlagen Zeit benötigen, um wachsen zu können, sind sie in einer guten Ausgangsposition. Sie sollten schwankende Kurse ganz einfach aussitzen, wenn sie mit minimalem zeitlichen Aufwand langfristig maximalen Erfolg am Finanzmarkt haben möchten.

Die Geschichte aller Finanz- und Börsenkrisen hat immer wieder gezeigt, dass einem Tief stets ein Hoch folgt und einem Hoch stets ein Tief. Heute wissen wir sogar, dass es nach größeren Crashs in der Regel etwa drei Jahre dauert, bis sich die Kurse wieder auf das Vorkrisenniveau eingependelt haben und von dort aus neue Höhen anvisieren. Finanzkrisen werden durch emotionales Verhalten und Herdentrieb allerdings häufig verstärkt. Ich bin daher nicht nur ein großer Freund von ethisch-sozialen und ökologisch-nachhaltigen Geldanlagen, sondern auch von Automatisierung und Passivierung. Je weniger ich mich um meine Investitionen kümmern und sorgen muss, umso lieber sind sie mir. Das erlaubt mir, meinen Zeitaufwand zu reduzieren und vor allem die notwendige und enorm wichtige emotionale Distanz zu meinen Investments zu bewahren. Ich schaue höchstens einmal im Monat auf die Entwicklung meiner Geldanlagen: Nicht, um Anpassungen vorzunehmen (ich „rebalance" nur einmal jährlich), sondern schlicht um mich ihres Wachstums zu erfreuen.

Wusstest du das?
Mittlerweile bestätigt auch die Finanzwissenschaft, dass der Anlagezeitraum den mit Abstand größten Einfluss auf das Risiko hat. Der Anlageerfolg hängt bis zu 90 Prozent vom Anlagezeitraum und zu weniger als 2 Prozent vom Investitionszeitpunkt ab. In einfachen Worten: Je langfristiger unser Anlagehorizont, desto geringer das Risiko und umso wahrscheinlicher ist es, dass wir am Ende mit einem großen Plus dastehen. Gerade dem Investitionsprofil von Ökoethinvestoren spielt das in die Karten.

Die Sache mit dem Rebalancing

„Wir alle sollten uns um die Zukunft sorgen,
denn wir werden den Rest unseres Lebens dort verbringen."
Charles F. Kettering (Wissenschaftler, Erfinder, Philosoph)

Anlagezeitraum und Diversifikation sind erwiesenermaßen die mit Abstand wichtigsten Investitionsparameter. Die Diversifikation unserer Investitionen erfolgt nicht nur mittels verschiedener Assetklassen, Wertpapiere, Unternehmen oder Projekte, sondern auch anhand von Risikopräferenzen (niedrig, mittel, hoch). Je nachdem, wie viel Risiko wir einzugehen bereit sind, ändert sich das Verhältnis von risikoarmen Investitionen (z.B. Sparbriefen, Anleihen oder ETFs) zu riskanteren Investitionen (z.B. Aktien, Crowdinvestments oder Projektfinanzierungen). Die Entscheidung bezüglich deiner Risikopräferenzen sollte eine der ersten sein, die du triffst, um deine Investitionen anschließend entsprechend konsistent zu tätigen.

Investitionen am Finanzmarkt unterliegen Schwankungen. Das führt im Laufe der Zeit dazu, dass einige Investitionen an Wert gewinnen, während andere an Wert verlieren. Damit gerät aber auch deine Risikogewichtung von Assetklassen bzw. der Wertpapiere deines Portfolios aus dem Gleichgewicht. Genau deshalb empfiehlt es sich, das eigene Portfolio regelmäßig – wenigstens einmal im Jahr – neu zu gewichten. Im Fachjargon nennt man diesen Prozess „Rebalancing".

Es gibt zwei einfache Strategien, das Gleichgewicht im Portfolio wiederherzustellen. Entweder du kaufst (risikoarme oder risikoreiche) Anteile nach, oder du verkaufst so viel, bis das gewünschte Risikoverhältnis wiederhergestellt ist. Hat beispielsweise der risikoarme Teil deines Portfolios an Wert verloren, kannst du entweder risikoarme Anteile nachkaufen, oder aber risikoreiche Anteile verkaufen – und umgekehrt.

Nachhaltige Geldanlagen – ein Megatrend?

„Zu viele Leute geben Geld aus, das sie nicht verdient haben, um Dinge zu kaufen, die sie nicht wollen, um Leute zu beeindrucken, die sie nicht mögen."
Will Rogers (Komiker, Schauspieler, Autor)

Rendite mit Sicherheit und Nachhaltigkeit zu verbinden lässt immer mehr Menschen aufhorchen. Nachhaltige Geldanlagen mausern sich aktuell von einem kaum nachgefragten Nischenprodukt zum Megatrend. Gerade jene Investoren, die einen langfristigen Planungs- und Anlagehorizont verfolgen bzw. auf lange Sicht nach mehr Sicherheit suchen, möchten von den stabileren Renditen im Sektor nachhaltiger Geldanlagen profitieren. Darüber hinaus bedeutet ein längeres Engagement natürlich auch weniger aktives Trading und damit eine erhebliche Senkung der Transaktionskosten (die sonst über zusätzliche Rendite erst einmal wieder eingenommen werden müssten). Dies ist ein Grund weshalb langfristiges Anlageengagement häufig von mehr Erfolg gekrönt ist.

Nicht nur Privatanleger mit ökologischer und/oder sozialer Orientierung springen zunehmend auf den Zug nachhaltiger Geldanlagen auf. Auch institutionelle Investoren richten Ihren Fokus verstärkt auf Langfristigkeit.

Megatrend Nachhaltigkeit: Gründe & Vorteile

„Da Konsum nichts anderes ist als ein Mittel zum Glück des Menschen,
sollte das Ziel sein, ein Maximum an Glück
mit einem Minimum an Konsum zu erhalten"
Ernst Friedrich Schumacher (Britischer Ökonom)

Neben einem zunehmenden Interesse (institutioneller) Investoren an nachhaltigen Finanzanlagen darf der demographische Wandel nicht vergessen werden. Schließlich achten gerade „Millennials", Personen, die zwischen 1980 und 2000 geboren sind, bei ihren Geldanlagen immer mehr auf nachhaltige Kriterien. Das beobachte ich auch in meinem persönlichen Umfeld. Im Grunde suchen wir alle nach einer Möglichkeit einen Beitrag zur Nachhaltigkeit zu leisten. Diese Personengruppe wird in den nächsten Jahrzehnten mehr als 20 Billionen Euro Geldvermögen erben. Wie wird diese Generation ihr Geld anlegen? Es ist mehr als wahrscheinlich, dass sie einen nicht unerheblichen Teil ihres Vermögens in nachhaltige Finanzprodukte investieren wird.

Zudem zeichnet sich ab, dass sich immer mehr Frauen in Finanzfragen emanzipieren, ihre Finanzen selbst in die Hand nehmen und Geld anlegen. Außerdem lässt sich ein „Empowerment" und eine steigende Zahl von Frauen in Führungspositionen beobachten. Das ist deshalb relevant, weil Frauen nachweislich dazu tendieren, ihr Geld nach nachhaltigen Kriterien anzulegen. Viele Frauen sind stärker am Gemeinwohl (Familie oder Gesellschaft) interessiert, als die vielerorts nach wie vor stark auf Konkurrenz fixierte Männerwelt.

Darüber hinaus muss darauf hingewiesen werden, dass immer mehr vermögende Familien, deren Geldanlage von sogenannten „Family Offices" betrieben wird, auf ökologische und ethisch-soziale Faktoren Wert legen. Für mehr als die Hälfte dieser Investorenschicht besitzen die Faktoren Rendite und Nachhaltigkeit denselben Stellenwert.

Es ist auch damit zu rechnen, dass in absehbarer Zeit von politischer Seite vermehrt regulatorische Entscheidungen getroffen werden. Vor allem der Kampf gegen den Klimawandel sowie regelmäßige Negativschlagzeilen und Skandale weniger ethisch handelnder Unternehmen (z.B. Arbeitsbedingungen in der Textilbranche), könnten die Politik dazu bewegen, die Gesetzeslage zu verschärfen. Ich halte es für sehr wahrscheinlich, dass Unternehmen und deren Führungsetagen künftig vermehrt in die Pflicht genommen werden. Es ist vorstellbar, dass nachhaltig handelnde und wirtschaftende Unternehmen nicht nur verstärkt gefördert werden, sondern auch, dass Unternehmen mit „Strafen" belegt werden, wenn sie Nachhaltigkeit außer Acht lassen (z.B. durch die mangelnde Integrierung von Nachhaltigkeitskriterien). Diese Entwicklung wird sich auch im Unternehmens- und Aktienkurswert beider Gruppen niederschlagen.

Für Ökoethinvestoren sind diese Entwicklungen auch aus finanzieller Sicht positiv. Es ist davon auszugehen, dass die genannten Veränderungen die Nachfrage nach nachhaltigen Wertpapieren und Geldanlagen zukünftig noch mehr befeuern und die Kurse an den Finanzmärkten zusätzlich nach oben treiben werden.

Welche Megatrends gibt es?

„Bei allem, was man tut, das Ende zu bedenken,
das ist Nachhaltigkeit."

Eric Schweitzer (Unternehmer)

Bevor wir gleich in die Praxis eintauchen, möchte ich dir noch einige Branchen und Sektoren vorstellen, die für den nachhaltigen Megatrend bei Geldanlagen ganz besonders wichtig sind. Dieser Einblick soll dir bei der ersten Orientierung helfen und dich später bei der Recherche unterstützen deine Investitionen auch über die Sektoren und Branchen hinweg zu diversifizieren, um das etwas höhere Risiko durch die Konzentration auf nachhaltige Finanzanlagen zu reduzieren.

Ich möchte noch einmal betonen, dass nachhaltiges Investieren meiner (subjektiven) Meinung nach ohnehin mit weniger Risiko verbunden ist. Je nachhaltiger Unternehmen und Organisationen handeln, umso geringer ist schließlich ihr Verlustrisiko in den allermeisten Fällen – insbesondere auf lange Sicht. Unternehmensführungen, die ökologische und soziale Nachhaltigkeit verfolgen, beschäftigen sich häufiger und intensiver mit etwaigen (langfristigen) Risiken und verfügen über einen längeren Handlungsspielraum, da sie von den Interessensgruppen und Anlegern in diesem Handeln unterstützt und häufig sogar bestärkt werden.

Megatrend 1: Erneuerbare Energien

Die Nutzung erneuerbarer Energien ist in verschiedener Hinsicht von Bedeutung. Mit der Abschaffung von Atomenergie sinkt die Effizienz von Energiegewinnung, allerdings wird zugleich einer Energiegewinnung abgeschworen, die hohe Risiken birgt und deren Abfallentsorgung bis heute nicht geklärt ist. Ähnlich sieht es mit Kohle und Öl aus, die sehr ineffizient Energie erzeugen und das unter Ausstoß beträchtlicher CO_2-Mengen. Auch der Sektor Elektromobilität steht bei immer mehr Autoherstellern auf der Agenda. Diese Entwicklung fördert alternative Energiegewinnungsformen wie Photovoltaik- und Windkraftanlagen. Darüber hinaus wird das Feld erneuerbarer Energien verstärkt von nationalen Regierungen in den Fokus genommen und sogar seitens internationaler Stellen gefördert. Diese Fördermaßnahmen lassen neue Unternehmen im alternativen Energiesektor wie Pilze aus dem Boden sprießen. Dazu gehören nicht nur solche, die zu den Energieherstellern zählen, sondern auch jene, die diese Energie nutzen. Die sogenannte Cleantech-Branche nutzt beispielsweise saubere Umwelttechnologie und möchte die Natur damit vor vermeidbaren abträglichen Einflüssen bewahren (z.B. E-Mobilität bei Tesla).

Interessante Bereiche und Sektoren in der Branche erneuerbarer Energien, die vom Umschwung zur Nachhaltigkeit beeinflusst werden, sind:

- Umweltschonende Mobilität und alternative Antriebsformen
  => z.B. E-Mobilität
- Umweltschonende Energiegewinnung
  => z.B. Solarenergie, Photovoltaik, Windkraft, Wärme, Biomasse
- Energiesparendes Wohnen
  => z.B. Passivhäuser, Minihäuser, Null-Energie-Häuser, Stroh- und Hanfhäuser

Megatrend 2: Ernährung und Versorgung

Auch in der Ernährungsbranche gab es in den letzten beiden Jahrzehnten Umwälzungen. Die Nachfrage nach Lebensmitteln, die biologisch, fair oder regional hergestellt werden, ist explodiert. Noch vor dem Jahr 2000 erhielt man diese Produkte nur im Reformhaus, heute sind sie schick und „trendy" geworden. Die wachsende Gruppe der sogenannten LOHAS („Lifestyles of Health and Sustainability") besteht aus Personen, die gesund und nachhaltig leben möchten und oft zu den (sehr) gut verdienenden der Gesellschaft gehören.

Darüber hinaus wird in meinen Augen das Thema Wasser das 21. Jahrhundert bestimmen, wie kaum ein anderes. Ohne Wasser kein Leben und folglich auch keine industrielle Produktion. Intensive und ausgedehnte Hitzeperioden, ausgelöst durch den fortschreitenden Klimawandel, werden diese Problematik noch weiter zuspitzen. Trinkwasser könnte in einigen Jahrzehnten zum teuren Luxusgut werden.

Interessante Bereiche und Sektoren in der Branche Ernährung und Versorgung, die vom Umschwung zur Nachhaltigkeit beeinflusst werden, sind:

- Einzelhandel und Gastronomie
  => steigende Nachfrage nach regionalen, biologischen und fair gehandelten Lebensmitteln
- Wasserknappheit
  => Wasseraufbereitung und Wasserversorgung als Megatrend

Megatrend 3: Nachhaltige Wirtschaft

Nachhaltiges Wirtschaften wird meiner Meinung nach schon in absehbarer Zeit vom Gesetzgeber verordnet sein (oder zumindest gefördert bzw. bei Nichteinhaltung bestraft werden). Jene Unternehmen, die den Weg der Nachhaltigkeit einschlagen, sind an einer ökologisch verträglichen Produktionsweise, sowie am Wohl ihrer Arbeitnehmer, Zulieferer und Kunden interessiert. Somit rücken neben umweltschonende Produktionsprozesse immer mehr ethisch-moralische Anforderungen in den Mittelpunkt vieler Unternehmensführungen. Darüber hinaus suchen immer mehr Konsumenten nachhaltig hergestellte Produkte und üben durch ihre Nachfrage Druck auf Unternehmen aus. Das schafft natürlich auch finanzielle Vorteile. Motivierte Arbeitnehmer sind effektiver und produktiver, ökologische Herstellung ist energie- und ressourcenschonender und das Image nachhaltig ausgerichteter Unternehmen ist in der Regel deutlich besser als jenes konventionell wirtschaftender Betriebe.

Interessante Bereiche und Sektoren in der Branche nachhaltiger Wirtschaft, die vom Umschwung zur Nachhaltigkeit beeinflusst werden, sind:

- Umweltschonende Herstellung
  => z.B. Cradle-to-Cradle, Recycling
- Arbeitnehmerrechte und Zufriedenheit
  => CSR (Corporate Social Responsibility), Betriebsräte, faire Bezahlung, gute Arbeitsbedingungen

„Insgesamt kann man schon sagen, dass Unternehmen mit einer guten Nachhaltigkeitsleistung, insbesondere im Governance Bereich, sich stärker mit ihrem Geschäft und den möglichen äußeren Einflüssen der Zukunft auseinandersetzen. Sie sind im Umgang mit Chancen & Risiken besser vorbereitet, agieren vorausschauender und reagieren schneller bei möglichen Herausforderungen. Deshalb integrieren wir Nachhaltigkeit in unserer Anlagestrategie und schauen dort sehr genau hin. Und zwar nicht nur auf einzelne Auszeichnungen, sondern analysieren konkrete Daten."
Ingo Speich, Head of Sustainability im Portfoliomanagement bei Union Investment

Megatrend 4 : Wohnen und Bauen

Uns ist oft nicht bewusst, dass jedes Produkt, das wir konsumieren, durch (zum Teil erheblichen) Ressourcenverbrauch entstanden ist. Gerade in der Baubranche ist der Ressourcenverbrauch enorm. Das gilt nicht nur für private, sondern auch für gewerblich genutzte Immobilien. Auch hier wird – nicht zuletzt aus Kostengründen – umgedacht. Schließlich werden Energie und Ressourcen immer teurer. Darüber hinaus hat der demographische Wandel gerade für eine alternde Generation starken Einfluss auf die Zukunft des Wohnens – ebenfalls aus Kostengründen.

Interessante Bereiche und Sektoren in der Branche Wohnen und Bauen, die vom Umschwung zur Nachhaltigkeit beeinflusst werden, sind:

- Umwelt- und ressourcenschonendes Bauen
  => z.B. ökologisches Bauen (Strohhäuser, Minihäuser), Straßen aus recyceltem Material
- Energiesparendes Wohnen
  => Passiv- und Null-Energie-Häuser, Solar- und Photovoltaikdächer

Megatrend 5: Soziales und Gesundheit

Der fünfte Megatrend, Soziales und Gesundheit, wird im Hinblick auf den demografischen und gesundheitlichen Wandel in unserer Gesellschaft die Zukunft bestimmen. Nicht nur, dass unsere Gesellschaft immer älter wird, sie vereinsamt auch. Zudem wird die Erhaltung der Gesundheit immer teurer und könnte schon bald zum Luxusgut werden: und das bei immer mehr Kranken. Nicht ohne Grund herrscht in dieser Branche Goldgräberstimmung und Unternehmen schreiben Rekordgewinne.

Interessante Bereiche und Sektoren in der Branche Soziales und Gesundheit, die vom Umschwung zur Nachhaltigkeit beeinflusst werden, sind:

- Soziale Einrichtungen
  => Seniorenheime, Gemeinschaftswohnhäuser, Generationenhäuser
- Alternative Heilmethoden und Medikamente
  => Alternativen zur klassischen Schulmedizin
- Integration
  => Menschen mit Behinderung (integrative Kindergärten und Schulen), Personen mit Migrationshintergrund oder Geflüchtete (Bildung ermöglichen und Arbeitsbeschaffung)

Wie du siehst, werden diese fünf Megatrends in Zukunft enorme Implikationen für unser Leben haben. Es ist in meinen Augen nicht abwegig, dass künftig konventionelle Unternehmen in vielen Branchen vermehrt von ethisch-sozial und/oder ökologisch wirtschaftenden Unternehmen ergänzt und letztendlich vielleicht sogar verdrängt werden.

Ökoethinvesting in der Praxis

„Wir sehen, dass eine fast mutwillig selbst gemachte Bankenkrise dazu führt,
dass wir Ansätze zur Vermeidung des Ruins des Planeten zurückstellen."
Klaus Töpfer (Ehemaliger Politiker)

In meinen Büchern lege ich stets großen Wert auf ein solides, theoretisches Fundament. Es ist in meinen Augen die einzige, realistische Grundlage, um später fundierte Anlageentscheidungen treffen zu können. Schließlich ist der Weg in die Praxis alles andere als einfach. Uns stehen eine Vielzahl ökologisch-nachhaltiger und ethisch-sozialer Geldanlagemöglichkeiten zur Auswahl. Je intensiver wir uns im Vorhinein, theoretisch, mit dem Thema beschäftigen, umso effizienter und unkomplizierter können wir anschließend spezifische Strategien in der Praxis ein- und umsetzen.

Durchs Hinfallen und immer wieder aufstehen lernt man bekanntlich am besten. Je größer unser Erfahrungshorizont wird, desto vorausschauender agieren wir in Zukunft. Je mehr Fehler wir machen, umso größer und steiler ist in der Regel auch die Lernkurve. Daran solltest du immer wieder denken. Gerade Misserfolge sind vielmehr eine Rückmeldung, die Dinge in Zukunft etwas anders zu machen. Auch in diesem Kapitel starten wir daher mit den Grundlagen, bevor ich dir acht verschiedene, nachhaltige Geldanlagemöglichkeiten vorstelle. Auch diese stelle ich dann auch in den Kontext des magischen nachhaltigen Investmentvierecks.

Vorbereitung für Ökoethinvesting

„Wir leben in einem gefährlichen Zeitalter.
Der Mensch beherrscht die Natur, bevor er gelernt hat,
sich selbst zu beherrschen."
Albert Schweitzer (Universalgelehrter)

Die meisten Privatanleger sind kurzsichtig. Das ist normal, schließlich ist Geduld nicht unbedingt urmenschlich. Geduld ist aber jene Eigenschaft, die bei Geldanlage besonders gefragt ist. Für nachhaltig orientierte Geldanlagen ist das möglicherweise besonders der Fall. Daher müssen wir uns zunächst mit deinen Voraussetzungen und Zielen beschäftigen, bevor wir eine passende Bank und das geeignete Depot auswählen. Anschließend stelle ich dir zwei interessante Mehrkontenmodelle vor, die dich dabei unterstützen sollen, deine Sparbemühungen und Investitionen mit geringerem Zeitaufwand zu bewältigen; sie erleichtern dir auch Geduld und emotionale Distanz zu wahren.

Sobald diese Schritte getan sind, kannst du dich voll und ganz den verschiedenen Strategien und Anlageprodukten widmen. Ich führe in diesem Buch acht besonders interessante, nachhaltige Geldanlagen auf. Zu beachten ist, dass nicht jede nachhaltige Geldanlage für jeden Ökoethinvestor geeignet ist. Einige sind transparenter und erzeugen größeren positiven Einfluss, während andere weniger transparent sind und eine deutlich geringere, soziale und ökologische Wirkung erzeugen. Darüber hinaus unterscheiden sich ihre Liquiditäts-, Risiko- und Renditeprofile zum Teil stark voneinander. Ich bin sicher, dass du mindestens zwei bis drei nachhaltige Finanzanlagestrategien finden wirst, die dir sympathisch sind. Damit solltest du für den Start solide und breit aufgestellt sein.

Deine finanziellen Voraussetzungen und Ziele

Damit du überlegte Schritte gehen kannst, musst du zuerst eruieren, wo du stehst und wohin du möchtest. Andernfalls läufst du los, ohne die Richtung zu kennen, und wirst dich rasch verirren. Mir ist bewusst, dass dieses Thema ein ganzes Buch füllen kann. Daher möchte ich dir zur Klärung lediglich ein paar Fragen stellen, deren Beantwortung genügen sollte, um erste fundierte finanzielle Entscheidungen treffen zu können. Diese Überlegungen sollten ausreichen, um jene Strategien auszuwählen, die für deine persönliche Situation am meisten Sinn ergibt. Die Fragen bauen aufeinander auf. Nimm dir für die Beantwortung bitte einige Minuten Zeit und mach dir Notizen, bevor du weiterliest.

Möchtest du mit deinen Investitionen eher Vermögen oder passives Einkommen aufbauen?

- Wie viel?
- In welchem Zeitraum?
- Wie hoch ist dein aktives Einkommen?
- Generierst du bereits passives Einkommen? Wie viel?
- Hast du bereits ein (kleines) Vermögen oder bist du verschuldet?
- Welchen Prozentsatz deines Nettoeinkommens kannst du monatlich sparen? Falls du verschuldet bist, solltest du zu aller erst deine Schuldentilgen und den Betrag, der übrig ist, investieren.
- Wie viel Geld bleibt übrig und genügt es, um damit dein Ziel (Punkt 2) im besagten Zeitraum (Punkt 3) zu erreichen?
- Wenn nicht: Kannst du deine Ausgaben senken, deine Spar-Investitionsquote erhöhen oder mehr Geld verdienen? Womit konkret?

Die Antworten auf diese aufeinander abgestimmten Fragen sollten dir Orientierung, Sicherheit und eine Richtung geben. Du weißt jetzt, wo du stehst und wohin du möchtest. Jetzt musst du es „nur" noch umsetzen. Aber mit welcher Bank?

Die richtige Bank

Nicht alle Banken und Depotanbieter (Broker) sind gleich. Einige sind mehr, andere weniger nachhaltig eingestellt. Wirklich nachhaltige Ökoethinvestoren müssen daher im ersten Schritt auf die Philosophie der Bank und des Brokers achten. Du solltest wissen, dass einige der genannten Banken Mitglied des genossenschaftlichen Verbands der Sparkassen und Raiffeisenbanken sind. Meiner Meinung nach ist das gerade im Hinblick auf die Verwendung deines Geldes positiv. Kreditvergaben an Waffenhersteller, Massentierhalter oder AKW-Betreiber, wie sie mittlerweile bei vielen Geschäftsbanken üblich geworden sind, lassen sich bei nachhaltigen Banken nicht finden. Nachfolgend gebe ich einen ersten Einblick über die ökologischen, ethischen und sozialen Standards einiger Banken. Auch hier bitte ich dich, zusätzlich eigene Informationen einzuholen. Die Organisation „Facing Finance" gibt beispielsweise regelmäßig ihren Bericht „Dirty Profits" heraus, der sehr kritisch herausarbeitet, in welche Projekte und Unternehmen die großen Geschäftsbanken investieren.

Dir sollte aber klar sein, dass Banken mit nachhaltiger Orientierung in vielen Fällen Kontoführungs- bzw. Depotverwaltungsgebühren verlangen. Diese sind mit maximal 50€ im Jahr zwar akzeptabel, mindern aber die Rendite deiner Investitionen gegenüber einem kostenlosen (Online-)Girokonto bzw. Broker. Auch die Tagesgeldzinsen sind bei diesen Banken eher niedrig. Auf der anderen Seite sind nachhaltige Banken viel transparenter, was die Verwendung ihrer Gelder angeht. Wir erhalten klare Aussagen, welche Anlagemöglichkeiten und Kreditnehmer hinsichtlich Rendite, Risiko, Liquidität und Nachhaltigkeit in Betracht gezogen werden.

Für den Start habe ich dir die vier größten und erfolgreichsten nachhaltigen Banken in Deutschland aufgezählt. Ich möchte sie dir zunächst kurz vorstellen, um sie anschließend miteinander zu vergleichen.

1 GLS Bank

Die GLS Bank gilt als die erste sozial und ökologisch orientierte und wirtschaftende Bank Deutschlands (seit 1974). Im Gegensatz zu anderen Nachhaltigkeitsbanken hat sie mehrere Filialen in großen deutschen Städten. Filialbanken erheben in der Regel höhere (Kontoführungs-)Gebühren als Direktbanken. Das gilt auch für die GLS Bank. Sie ist eine Genossenschaftsbank; dies kann in schwierigen ökonomischen Zeiten ein großer Vorteil sein. Außerdem kann jedes Mitglied an 20.000 Geldautomaten der Volks- und Raiffeisenbanken sowie bei der Sparda-Bank kostenlos Geld abheben. Das Geld der Sparer wird in Form von Krediten an ökologische und soziale Projekte vergeben. Die GLS Bank verfügt über ein breites Angebot für nachhaltig orientierte Investoren. Angeboten werden Girokonten, Sparkonten, eine Vielzahl nachhaltiger Geldanlageprodukte sowie ein Depot für Wertpapiere.

2 Ethikbank

Die Ethikbank wurde erst 2002 als Zweigniederlassung der Volksbank Eisenberg gegründet. Sie ist eine (Online-)Direktbank, verfügt also über keine Filialen. Da sie jedoch an das Netzwerk der deutschen Genossenschaftsbanken angeschlossen ist, kann man als Kunde ebenfalls an allen Volks-, Raiffeisen- und Sparda-Banken kostenlos Geld abheben. Die Ethikbank bietet neben einem Girokonto auch kurz- und langfristige Geldanlagen, ein Depot, Altersversorgungsprodukte sowie sogenannte Ökokredite für Privatpersonen an. Finanziert werden ausschließlich „ökologisch und sozial sinnvolle Maßnahmen" (wie z.B. ökologische Bauprojekte oder E-Mobilität).

3 Triodos Bank

Die Triodos Bank ist eine niederländische Direktbank mit Niederlassung in Deutschland. Sie gilt als Europas führende nachhaltige Bank. Mit mehr als 600.000 Kunden ist sie die kundenstärkste. Jeder Kunde erhält eine Kreditkarte, mit der an allen 65.000 Geldautomaten mit dem Mastercard-Zeichen in Deutschland kostenlos Geld abgehoben werden kann. Die Triodos Bank vergibt zwar keine Kredite an Privatkunden, bietet aber neben dem Girokonto diverse nachhaltige Geldanlageinstrumente, wie z.B. Fondssparen, an.

4 Umweltbank

Die vierte nachhaltige Direktbank sitzt in Nürnberg. Die Umweltbank, auch bekannt als Ökobank, ist auf die Förderung von Umweltprojekten spezialisiert. Bei der Umweltbank lässt sich zwar kein Girokonto eröffnen, Ökoethinvestoren stehen dafür aber eine ganze Reihe ökologischer Anlageprodukte zur Verfügung, darunter Spar- und Tagesgeldkonten, Sparbriefe, Fondssparpläne, Umweltaktien und mehr.

Vergleich der besten Nachhaltigkeitsbanken

Auf der nächsten Seite findest du einen Direktvergleich der derzeit, in meinen Augen, vier empfehlenswertesten Nachhaltigkeitsbanken. Ich persönlich habe einen Hybridweg gewählt. Meine Geschäftskonten führe ich bei der GLS Bank. Zudem habe ich ein privates Konto bei der Triodos Bank. Dort führe ich ein Giro- und Tagesgeldkonto und bespare Triodos-Fonds. Darüber hinaus habe ich ein Konto bei der DKB, um auf meinen Reisen im Ausland kostenlos Bargeld abheben zu können. Last but not least, habe ich mittlerweile auch ein Depot beim Onlinebroker Onvista, um nachhaltige ETFs besparen und nachhaltige Aktien kaufen zu können.

Es gibt noch eine ganze Reihe weiterer interessanter, nachhaltiger Banken. Bei Interesse bitte ich dich, hier selbst Nachforschungen anzustellen. Die Leistungsumfänge und Gebühren unterscheiden sich zum Teil erheblich:

- KT Bank
- Steyler Bank
- ProCredit Bank
- Pax Bank
- Kommunalkredit Invest
- Bank für Kirche und Diakonie

Nachhaltige Banken im Vergleich: Stand 07/2018	GLS-Bank	Ethikbank	Triodos Bank	Umweltbank
Kundenzahl	48.400	3.800	ca. 650.000	k. A.
Bilanzsumme (in Mio. Euro)	5.050	400	9.900	3.500
Girocard/ Kreditkarte	Ja, 15€ pro Jahr Ja, 30€ pro Jahr	Ja, 15€ pro Jahr Ja, 35€ pro Jahr	Ja, 15€ pro Jahr Ja, 30€ pro Jahr	kein
Gebühren für Kontoführung?	3,80€/Monat (+ 5€ Monatsbeitrag)	8,50€/Monat	4,50€/Monat	kein
Zinssatz (p. a.) bei Tagesgeldkonto	0,00%	0,00% (Zinskonto)	0,05% (bis 100.000€)	0,025% (bis 100.000)
Depot / Kosten	Ja / 0,119% (Depotvolumen)	Ja / 0,25% (Depotvolumen)	Triodos-Fonds kostenlos	Ja / 0,125% (Depotvolumen)
Sparprodukte	Sparkonto, Sparbrief, Sofortrente, Projektsparbrief	Sparbrief, BonusPlus, RentePlus	Festzinssparen, Sparplan, Bürgersparen	UmweltSparbuch (Extra), UmweltSparbrief, UmweltSparvertrag
Investmentprodukte	Aktienfonds, Klimafonds, Mikrofinanzfonds, GLS Anteile, Crowdinvesting	Fair World Fonds, Wachstumszertifikat	Fondssparpläne	Umweltbank Aktien / Anleihen, Umweltfonds, Fondssparpläne
Einlagensicherung?	Deutsche gesetzliche Einlagensicherung (bis 100.000 Euro)	Deutsche gesetzliche Einlagensicherung (bis 100.000 Euro)	Niederländische Einlagensicherung (bis 100.000 Euro)	Deutsche gesetzliche Einlagensicherung (bis 100.000 Euro)

Depot, aber wo?

Wenn du am (nachhaltigen) Finanzmarkt investieren möchtest, benötigst du ein Depot. Aktien, Anleihen oder Fonds lassen sich nur über einen Broker erwerben und in einem Depot verwalten. Wenn du ohne Depot ökologisch-nachhaltig und ethisch-sozial investieren willst, müsstest du auf die oben genannten Geldanlageinstrumente verzichten und dich entweder auf gering verzinste Sparkonten oder Impact Investing via Crowdinvesting und Projektfinanzierungen konzentrieren. Das hätte jedoch mehr Gesamtrisiko in Deinem Portfolio bei weniger Rendite zur Folge – aus finanzieller Sicht ist das daher eine schlechte Idee. Wenn dir die Depotverwaltung bei einer nachhaltigen Bank zu teuer ist, gibt es eine Alternative.

Ich habe dir im letzten Kapitel bereits meine persönliche Kontenstruktur vorgestellt. Wenn du alle Geldanlagemöglichkeiten in Anspruch nehmen willst, kannst du dich daran orientieren. Damit gelingt es dir das beste von allen Welten zu vereinen:

1. Ein Girokonto bei einer nachhaltigen Bank für Ausgaben und von wo du deine nachhaltigen Investitionen sowie Spareinlagen steuerst
2. Ein nachhaltiges Tagesgeldkonto (Sicherheitspuffer)
3. Ein Depot bei einem Onlinebroker

Mit dieser Aufteilung machst du vom Prinzip des Mehrkontenmodells Gebrauch und verfügst zudem über viel Spielraum für nachhaltige Investments. Die Depotauswahl ist jedoch alles andere als einfach. Auf www.geldsystem-verstehen.de/finanziell-frei-werden kannst du dir einen Depotvergleich herunterladen. Schließlich ist das passende Depot von einer Vielzahl von Faktoren abhängig. Für mich sind eine günstige Gebührenstruktur, die kostenlose Depotverwaltung (um Transaktions- und laufende Kosten gering zu halten), sowie ein breites ETF-Sparplanangebot Grundvoraussetzungen. Ich habe daher den Onlinebroker Onvista gewählt. Bekannt für Nachhaltigkeit ist dieser jedoch nicht.

Bevor es losgeht:
Mehrkontenmodell und Sparquote

Ein Mehrkontenmodell ist das ultimative Tool, mit minimalem zeitlichen Aufwand maximalen finanziellen Return zu erzielen. Mein Tipp: Je stärker du deine Geldbewegungen automatisieren kannst, umso besser. Du erhöhst damit den Passivierungsgrad und je höher der Passivierungsgrad, umso weniger Zeit musst du Monat für Monat aufwenden, um deine Investitionen auszuführen. Das steigert wiederum deinen passiven Stundenlohn. Diesen Komponente vernachlässigen viele Trader und aktive Investoren häufig vollkommen.

Dein Gehalt/Einkommen landet auf Deinem nachhaltigen Konto. Dein Ziel sollte es sein, mindestens 20 Prozent davon zu sparen. Warum, erkläre ich dir gleich. Bitte denke auch daran, Freistellungsaufträge für den Sparerpauschbetrag einzurichten (Tagesgeld-, Sparkonto und Depot – überall wo du Zinsen erhältst). Die Struktur meines Mehrkontenmodells ist denkbar einfach:

1. Per Dauerauftrag geht ein Teil meines Einkommens auf mein nachhaltiges Tagesgeldkonto (5%).
2. Per Dauerauftrag geht ein weiterer Teil auf das Verrechnungskonto meines Depots (15%).

Wann sollte ich sparen und warum ausgerechnet 20 Prozent?
Bezahle dich, also deinen Spar- bzw. Investitionsbetrag, stets am Monatsanfang. Nur so funktioniert Sparen ohne größere Anstrengungen. Auf diese Weise lässt du dir keine andere Möglichkeit, als den Rest des Monats mit einem kleineren Budget auszukommen. Ein ambitionierter Richtwert sind 20 Prozent deines monatlichen Netto-Einkommens. Ich weiß, das ist viel Geld! Jedes Prozent mehr bedeutet aber zugleich einen kürzeren Weg zur finanziellen Freiheit. Die Sparrate von 20 Prozent kommt – aufgerundet von ursprünglich 16,67 Prozent – vom US-amerikanischen Professor Wade Pfau. Pfaus Theorie besagt: Multipliziert man seine jährlichen Ausgaben mit 25,

dann kann man von diesem Betrag anschließend 30 Jahre lang, 4 Prozent pro Jahr abhebend, verkonsumieren. Dies ist ein ausgeklügeltes Rentenmodell, das sich an der Summe deiner Ausgaben orientiert und damit erhebliche Implikationen für das eigene Konsumverhalten hat. Gibst du jährlich beispielsweise 10.000€ aus, brauchst du ein Vermögen von 250.000 Euro, um davon 30 Jahre lang leben zu können (4 Prozent pro Jahr sind wiederum 10.000 Euro – deine jährlichen Ausgaben).

Deine Sparrate muss sich somit an deinen Ausgaben orientieren. Je mehr du ausgibst, umso höher dein Lebensstandard und umso mehr Geld musst du auch ansparen, um später nicht plötzlich inmitten eines finanziellen Alptraums aufzuwachen. Für die meisten Menschen ist daher ein Sparbetrag von 20 Prozent ein durchaus realistischer Wert. Mit diesen Voraussetzungen bist du nun bereit, dich auf den folgenden Seiten mit acht nachhaltigen Anlagestrategien vertraut zu machen.

Strategie 1: Die Klassiker
Tagesgeld, Festgeld und Sparbrief

„Alles, was gegen die Natur ist,
hat auf die Dauer keinen Bestand."

Charles Darwin (Naturforscher)

Wie du weißt, bewegen wir uns als clevere Ökoethinvestoren, immer zwischen den Kriterien Nachhaltigkeit, Rendite, Sicherheit und Liquidität – also innerhalb unseres magischen Anlagevierecks. Ein gewisses Liquiditätspolster ist jedoch zwingend und wichtig, um finanziellen Unwägbarkeiten trotzen zu können. Der deutsche Staat garantiert die Einlagen der Sparer durch das sogenannte Einlagensicherungssystem (ob es im Härtefall – einem sogenannten Bank Run – jedoch standhält, bezweifle ich persönlich. Für Spareinlagen ist vor allen Dingen das Vertrauen der Menschen wichtig).

Gerade wenn du ein hohes Sicherheitsbedürfnis hast und Liquidität suchst, sind Spar- und Festgeldeinlagen bei einer nachhaltigen Bank praktikable Optionen. Auf der anderen Seite muss dir klar sein, dass sich deine Rendite an den Zinsen des Kapitalmarkts orientieren und diese verharren auf dem Nullniveau (Stand: Mitte 2018). Gerade in Niedrigzinszeiten ist auf diesem Weg daher leider kaum attraktiver finanzieller Gewinn zu erzielen. Die Nettorendite deiner Anlagen sollte aber zumindest die Inflationsrate übersteigen. Je höher die Inflationsrate, umso höher muss deine Rendite sein. Nur so kannst du einen etwaigen realen Kaufkraftverlust – trotz Geldanlage – vermeiden. Die auf Kapitalerträge über dem Sparerpauschbetrag anfallenden Steuern sind hier noch gar nicht berücksichtigt.

Ich persönlich besitze weder ein Festgeld- noch ein Sparkonto. Ich nutze lediglich ein Tagesgeldkonto, das neben einem Sicherheitspolster von 3 Monatsgehältern, monatlich mit 5 Prozent meines Nettoeinkommens bespart wird. Mit einem Sicherheitspolster von drei Monatsgehältern sichere ich mich gegen finanzielle Unwägbarkeiten und unvorhersehbare finanzielle Verpflichtungen (z.B. eine Autoreparatur) ab. Der zusätzliche Sparbetrag von 5 Prozent dient meiner finanziellen Freiheit und wird von mir niemals angerührt.

Deshalb nenne ich dieses Konto auch mein "Freiheitskonto". Wenngleich gering, so verzinst sich die kumulierte Summe doch kontinuierlich und ich erfreue mich an ihrem stetigen Wachstum. Das ist nicht zuletzt für mein Geldgefühl und meinen „Mindset" wichtig.

Tagesgeld

Ein Tagesgeldkonto ähnelt einem variabel verzinsten Girokonto. Die Zinsen passen sich dem Geldmarkt an. Tagesgeld ist hochliquide und daher sehr gut als Konto für Sicherheitspuffer und Barreserven geeignet. Du kannst auf dein Guthaben jederzeit zugreifen. Außerdem musst du dir – beispielsweise im Gegensatz zu Festgeldkonten – keine Gedanken um etwaige Kündigungsfristen machen.

Ein Tagesgeldkonto kann allerdings nicht für den alltäglichen Zahlungsverkehr genutzt werden. Du musst dein Geld immer erst auf ein Referenzkonto zurücküberweisen, um darüber verfügen zu können. Für mich aber ist dies ein Vorteil, gar nicht erst in Versuchung zu kommen, mein Freiheitskonto anzugreifen. Nachhaltige Tagesgeldkonten im Vergleich:

Bank (Tabelle Stand 08/2018)	Zinsen p.a.	Gutschrift der Zinsen	Zins gilt bis Einlage von Euro
GLS Bank	0%	Vierteljährlich	100.000 €
Ethikbank	0%	Vierteljährlich	Unbegrenzt
Triodos Bank	0,05%	Vierteljährlich	100.000 €
Umweltbank	0,025%	Monatlich	100.000 €
Kommunalkredit Invest Tagesgeld	0,31%	Vierteljährlich	100.000 €
ProCredit Bank	0,1%	Jährlich	9,95 Mio. €

Kurze Anmerkung: Je häufiger Zinsen gutgeschrieben werden, umso mehr profitierst du von der Akkumulierung über den Zinseszins durch Thesaurierung. Thesaurierung ist die Wiederveranlagung von Zinsen oder Dividenden.

Festgeld

Bei Festgeldanlagen kannst du – im Gegensatz zum Tagesgeld – nicht täglich über dein Geld verfügen. Dafür bieten viele nachhaltige Banken einen höheren Zinssatz bei festen Laufzeiten von in der Regel drei bis 12 Monaten; aber auch Laufzeiten von bis zu 10 Jahren sind möglich.

Bei einer Festgeldanlage erhältst du eine im Voraus festgelegte Summe zu einem abgesprochenen Termin ausbezahlt. Deine Anlagesumme wird kontinuierlich, meist jährlich, zu einem festgelegten Zinssatz verzinst und am Ende (mit Zins- und Zinseszins) zurückgezahlt. Der Zinssatz ist im Gegensatz zum Tagesgeldkonto nicht variabel, sondern fixiert. Nachhaltige Festgeldkonten im Vergleich:

Bank (Tabelle Stand 08/2018)	Zinsen p.a.	Mindestlaufzeit in Monaten	Mindesteinlage in Euro	Einlagensicherung in Euro
GLS Bank (Sparbrief)	Bis zu 0,7%	36	1.000 €	100.000 €
Ethikbank	0%	1	5.000 €	Unbegrenzt
Triodos Bank	0,8%	3	500 €	100.000 €
Umweltbank	Nicht im Angebot!	----------	----------	----------
Steyler Bank	0,65%	1	5.000 €	2,97 Mio. €
ProCredit Bank	0,4%	12	5.000 €	9,95 Mio. €
Kommunalkredit Invest Festgeld	1,8%	6	1 €	100.000 €
KT Bank	1,35%	6	10.000 €	100.000 €

Bei Festgeldkonten werden deine Zinsgewinne automatisch thesauriert – also wieder angelegt. Dadurch profitierst du auch hier vom Zinseszins.

Sparbuch und Sparbriefe

Sparkonten sind zumeist etwas besser verzinste Tagesgeldkonten. Der Unterschied ist, dass oftmals nur eine bestimmte Teilsumme, z.B. 2.000€ pro Monat, verfügbar ist. Zudem ist das Sparkonto mit einer Kündigungsfrist belegt; das ist relevant für den Fall, dass man eine größere Summe bzw. den ganzen Betrag liquidieren möchte.

Sparbriefe hingegen haben feste Laufzeiten bei variablen Zinsen. Während der Laufzeit von bis zu 20 Jahren kann man nicht über das Geld verfügen. Sparbriefe werden zudem entweder jährlich verzinst und die Zinsen ausbezahlt, oder die Zinsen werden thesauriert und am Ende der Laufzeit ausbezahlt (Resultat: meist höhere Rendite).

Bank (Tabelle Stand 08/2018)	Zinsen p.a.	Mindestlaufzeit	Mindesteinlage in Euro	Zinsgutschrift	Einlagensicherung in Euro
GLS Bank (Sparkonto)	0%	Kein	1 €	Jährlich	100.000 €
GLS Bank (Projektsparbrief)	0,3%	5 Jahre	1.000 €	Jährlich (werden gespendet)	100.000 €
Ethikbank	0%	1 Jahr (bis 10 Jahre)	2.500 €	Jährlich oder am Ende der Laufzeit	Unbegrenzt
Triodos Bank (Sparplan)	bis zu 12%	5 Jahre (bis 20 Jahre)	25 €/Monat	Jährlich	100.000 €
Umweltbank (Umweltsparbuch)	0,03%	Kein	500 €	Jährlich	100.000 €
Umweltbank (Umweltsparbrief)	Bis zu 1,25%	1 Jahr (bis 20 Jahre)	500 €	Am Ende der Laufzeit	100.000 €
Umweltbank (Umweltsparvertrag)	0,05%	Kein (bis 20 Jahre)	25 €/Monat	Am Ende der Laufzeit	100.000 €
Pax-Bank	Bis zu 0,4%	1 Jahr (bis 5 Jahre)	500 €	Jährlich	100.000 €

Wenn du auf sichere Weise monatliche Beträge sparen möchtest, ist ein Sparkonto nach wie vor keine schlechte Idee. Leider ist es in Niedrigzinszeiten aber finanziell gesehen kaum attraktiv, weil damit oft nicht einmal die Inflation ausgeglichen werden kann.

Strategie 2: Nachhaltige Anleihen

„Die Menschen von heute wollen aber nicht nur ökologische Nachhaltigkeit, sondern auch Partizipation, soziale Gerechtigkeit, kulturellen Respekt, Resilienz im Fall einer Krise. Wer dem Klimaschutz Vorrang vor allen anderen Interessen einräumen möchte, klingt verdächtig wie ein Förster, der alles Heil bei den Fichten sucht."

Frank Uekötter (Historiker)

Anleihen unterscheiden sich im Prinzip nicht sehr von einer Festgeldanlage. Auch hier „verleihst" du dein Geld für eine feste Laufzeit an Staaten oder Unternehmen, die sich über den Kapitalmarkt mittels Fremdkapital finanzieren wollen. Du nimmst also die Position des Gläubigers ein und nicht des Miteigentümers (wie etwa bei Aktien). Du hast somit z.B. kein Mitspracherecht bei Hauptversammlungen. Für dein eingesetztes Kapital erhältst du Zinsen, die entweder variabel sind oder vorher festgesetzt werden. Die Rückzahlung erfolgt in der Regel am Ende der Laufzeit. Um vom Zinseszins-Effekt zu profitieren, musst du die Zinsen also selbst wiederveranlagen (thesaurieren). Da es sich bei einer Anleihe aber um ein Wertpapier handelt, unterliegt es – in Abhängigkeit vom Geldmarktzins – Kursschwankungen. Der Zusammenhang ist einfach:

Kapitalmarktzins fällt
=> Kurs deiner Anleihen steigt, weil das Wertpapier höher verzinst wird, als neu emittierte Wertpapiere
=> deine Rendite steigt

Kapitalmarktzins steigt
=> Kurs deiner Anleihen fällt, weil das Wertpapier geringer verzinst wird, als neu emittierte Wertpapiere
=> deine Rendite sinkt

Du siehst also, dass bei Anleihen, im Gegensatz zu Festgeldanlagen oder Sparbriefen, der Kapitalmarktzins als weiterer Faktor eine wichtige Rolle spielt und eine Quelle zusätzlicher Gewinne oder Verluste ist.

Am Anleihenmarkt unterscheidet man in der Regel Staatsanleihen und Unternehmensanleihen. Zur Freude des Ökoethinvestors haben sich mittlerweile Ansätze und Standards etabliert, die die entsprechenden Staaten und Unternehmen auf ökologische und ethisch-soziale Nachhaltigkeitsfaktoren hin überprüfen und bewerten.

Staatsanleihen

Staaten finanzieren sich zum Großteil über Steuern. Die Refinanzierung erfolgt jedoch am Kapitalmarkt über Staatsanleihen. Staatsanleihen, auch Bonds genannt, sind Wertpapiere, die der Staat als Schuldner (Emittent) auflegt. Der Gläubiger wird für die vorübergehende Überlassung seiner Gelder mit einem Zins vergütet. Die Laufzeiten von Staatsanleihen können sich von wenigen Monaten bis mehrere Jahrzehnte erstrecken. Je länger die Laufzeit, umso besser ist für gewöhnlich auch die Verzinsung.

Staatsanleihen gelten als eine der sichersten Papiere am Finanzmarkt, da man in der Wirtschaftswissenschaft nach wie vor davon ausgeht, dass Staaten nicht in Konkurs gehen können. In der Praxis ist diese Theorie umstritten, da Staatspleiten vielmehr die Regel als die Ausnahme sind. Staatsanleihen sind zwar risikoarme Wertpapiere, aber auch sie können durchaus zum Totalverlust werden. In Niedrigzinszeiten werden gerade die als besonders sicher geltenden Staatsanleihen kaum oder gar negativ verzinst (z.B. Deutsche Staatsanleihe im Jahr 2016).

Im Rahmen meiner Recherchen konnte ich die „Oekom Research AG" als besonders gute und vertrauenswürdige Adresse einstufen. Ihr sogenanntes „Oekom Country Rating" bewertet Länder nach etwa 100 ökologischen und sozialen Kriterien. Hierzu werden sowohl Positiv-Screenings als auch Ausschlusskriterien herangezogen.

Die Hauptpunkte des Positiv-Screenings sind:

- **Soziales:** Politisches System und Regierungsführung, Korruption, Geldwäsche, politische Stabilität, Menschenrechte und Freiheit, Diskriminierung, Genderpolitik, Rechtssystem, Gesundheit, Bildung, Arbeit
- **Umwelt:** Landnutzung, Biodiversität, Wasser, Klimawandel, Energie, Landwirtschaft, Industrie, Transport, privater Konsum

Die wichtigsten Ausschlusskriterien sind:

- **Soziales:** Autoritäres Regime, Kinderarbeit, Korruption, Todesstrafe, Diskriminierung, Euthanasie, Missachtung der Vereinigungsfreiheit, sowie der Presse- und Redefreiheit, Militärbudget, Geldwäsche, Besitz von Nuklearwaffen, Verstoß gegen Menschen- und Arbeitsrechte
- **Umwelt:** Hoher Anteil von Nuklearenergie am Energiemix, Bau neuer Kernkraftwerke, Nichteinhaltung der internationalen Konventionen zum Klimaschutz, Walfang

Besonders viele Rankings sind für Staatsanleihen vorzufinden (Stand Mitte 2018). Ein aktuelles Rating (auch für Unternehmen) erhältst du ohne weiteres direkt von der Oekom Research AG mit einer E-Mail an info@iss-oekom.com. Vor einigen Jahren belegten z.B. die USA mit Rang 36, China auf Platz 46, Russland als 47. und Indien als 48. beim Nachhaltigkeitstest die hinteren Plätze. Ein ähnliches Ranglistenverfahren führt die Zürcher Kantonalbank durch. Auch hier werden ökologische, soziale und Governance-Faktoren analysiert und im Rahmen eines Benotungssystems (maximal 10 Punkte) vergleichbar gemacht:

Rang	Land	Punkte
1	Schweden	9,4
2	Schweiz	9,2
3	Norwegen	8,9
4	Dänemark	8,6
5	Niederlande	8,1
6	Österreich	7,9
7	Deutschland	7,6
8	Großbritannien	7,2
9	Finnland	7,1
10	Island	6,9
18	Japan & Frankreich	6,2
44	China	4,6
48	Brasilien	4,3
55	Russland	3,8
56	Indien	3,7
61	USA	3,2
66 (letzter)	Bahrain	2,9

Quelle: Zürcher Kantonalbank (Nachhaltigkeitsrating für Staaten 2017).

Mir war zwar durchaus klar, dass die USA nicht das nachhaltigste Land der Welt sind, es hat mich aber dennoch überrascht, sie fast auf dem letzten Platz zu finden. Mein Vertrauen schenke ich nur den ersten 5 Staaten, wenn man überlegt, wie stark Deutschland beispielsweise in Rüstungsimporte involviert ist.

Unternehmensanleihen

Unternehmen, die sich über Fremd- und nicht über Eigenkapital zu finanzieren versuchen, nutzen häufig das Mittel der Unternehmensanleihen. Nun ist es aber alles andere als einfach, innerhalb der Unternehmen die Spreu vom nachhaltigen Weizen zu trennen. Auch hier hilft die Oekom Research AG mit ihrem Bericht (Oekom Corporate Rating). Der Bericht ist in meinen Augen nicht nur für die Einstufung von Unternehmensanleihen interessant, sondern eignet sich ebenfalls bei Überlegung hinsichtlich Aktienbeteiligungen.

Auch hier wird anhand von über 100 Kriterien durch eine Kombination von Positiv-Screening und Ausschlusskriterien geprüft und gerankt. Die Positivkriterien beziehen sich im sozialen und Governance-Bereich auf:

- **Mitarbeiter und Zulieferer:** Vereinigungsfreiheit, Chancengleichheit, Gesundheit, Sicherheit, Work-Life-Balance, Bezahlung, Weiterbildung, Regeln und Unterstützung für Zulieferer, etc.
- **Gesellschaft und Produktverantwortung:** Menschenrechte, Gemeinschaft, Beziehungen mit Regierungen, Dialog mit Interessensvertretern, verantwortliches Marketing, Datenschutz, Produktsicherheit, sozialer Einfluss des Produktportfolios
- **Unternehmensführung und -ethik:** Unabhängigkeit des Aufsichtsrats, nachhaltige Unternehmensführung, Vergütung der Geschäftsführung, Offenlegung der Anteilseigner, Unternehmensethik

Im Umweltbereich sind folgende drei Hauptkriterien von Bedeutung:

- **Umweltmanagement:** Umweltmanagementsystem, Energiemanagement, Klimawandel, Wasserverbrauch und Risiko, Transport, Umweltmanagement innerhalb der Wertschöpfungskette, grüne Beschaffung
- **Produkte und Dienstleistungen:** Umwelteinfluss des Produktportfolios, Biodiversität, Ressourcenverbrauch und -umgang, Produktlebenszyklus, Materialeffizienz, besorgniserregende Substanzen, Energieeffizienz der Produkte, Verpackung

- **Umwelteffizienz:** Energieeffizienz, Wassereffizienz, Materialeffizienz, CO_2 Ausstoß, Müllproduktion, Luft- und Wasserver-
  schmutzung

Darüber hinaus wird durch ISS-Oekom aber auch ein hartes Negativ-Screening
in ethisch kontroversen Geschäftsfeldern und Geschäftspraktiken durchgeführt. Dazu zählen unter anderem:

- **Kontroverse Geschäftsfelder:** Abtreibung, Alkohol, Tierversuche,
  Embryoforschung, Glücksspiel, Militär, genmanipulierte Lebens-
  mittel, Kernenergie, Pornographie, Pestizidindustrie, gewalttätige
  Videospiele
- **Kontroverse Geschäftspraktiken:** Menschenrechte, Arbeitnehmer-
  rechte, Umweltpraktiken, Verstoß gegen Berufsethos

Auf der Grundlage dieser Kriterien ergibt sich ein interessantes Ranking der
Unternehmen, das ebenfalls bei der ISS-Oekom AG angefragt werden kann.

Die nachhaltige Bond-Ladder

Anleihen sind relativ einfache Geldanlageinstrumente. Bevor wir jetzt blind loslaufen, ist es wichtig, dass wir uns neben dem Faktor Nachhaltigkeit auch Gedanken über Rendite, Risiko und Liquidität machen. Während du das Anleihenrisiko relativ gut anhand der Rendite ablesen kannst, möchte ich dich zusätzlich mit der Strategie der Zinsleiter, der „Bond-Ladder", vertraut machen. Mit ihrer Hilfe kannst du die Liquidität deiner Investments erhöhen. Die „Bond-Ladder" klingt kompliziert, ist jedoch denkbar einfach und sehr effektiv.

DIE BOND-LADDER

© CHRISTOPHER KLEIN, AUS DEM BUCH "NINE-TO-FIVE MUSS NICHT SEIN!"

Die Tranchen legst du mit je abweichenden Laufzeiten an. Beispielhaft könnten die Laufzeiten der Anleihen 1, 2, 3, 4 und 5 Jahre betragen. Solltest du risikofreudiger sein, können die Abstände auch größer gewählt werden (z.B. 2, 4, 6, 8 und 10 Jahre). Läuft die erste Tranche nach einem Jahr aus, legst du eine weitere, nachhaltige Anleihe, mit der maximal von dir gewählten Laufzeit (in unserem Beispiel 5 Jahre), in dein Depot. Im Jahr darauf läuft die zweite Tranche aus und du fügst erneut eine Anleihe mit maximaler Laufzeit hinzu. In Jahr 3 läuft die dritte Tranche aus und du wiederholst die Strategie. Ich denke, dieses Eichhörnchen-Prinzip wird dir rasch klar.

Mithilfe dieser Strategie profitierst du in unserem Beispiel ab dem 5. Jahr von höheren Zinssätzen, musst dafür aber wegen längerer Laufzeiten nicht auf Liquidität verzichten.

Mit dem Bond-Laddering vereinst du die Vorteile hoher Liquidität und konstant steigenden Einkommensströmen (Rendite) bei diversifiziertem Risiko. Steigen die Kapitalmarktzinsen, kannst du schnell reagieren. Du kannst mit Liquidität, die in regelmäßigen Abständen frei wird, immer neue Anleihen mit höheren Zinsen zukaufen. Bond-Laddering garantiert dir somit einen ziemlich sicheren kontinuierlichen Geldfluss und ist damit ein tolles und überaus einfaches Instrument der passiven, nachhaltigen Geldanlage.

Strategie 3: Nachhaltige Aktien

„Die Börse hängt nur davon ab, ob es mehr Aktien als
Idioten, oder mehr Idioten als Aktien gibt."
André Kostolany (Journalist, Finanzexperte)

Aktien gehören zu den bekanntesten Geldanlagen und das mit gutem Grund. Aktien sind Wertpapiere und zählen damit zu den Sachwerten. Das heißt, dass du eine Beteiligung an einem Unternehmen zeichnest – ein Beteiligungspapier. Mit dem Erwerb einer Aktie wirst du Anteilseigner bzw. Teileigentümer eines Unternehmens (Aktionär). du erwirbst damit auch das Recht, auf die jährlichen Hauptversammlungen zu gehen und dort deine Meinung kundzutun oder über die Entlassung des Vorstands mit zu entscheiden. Wie bereits im ersten Kapitel angedeutet, erwirbst du mit Aktien ein Mitspracherecht, das du allerdings durch eigenes Engagement wahrnehmen musst.

Als Aktionär kannst du in zweierlei Hinsicht profitieren. Zum einen erhältst du, ähnlich des Zinses einer Anleihe, eine Gewinnbeteiligung – die sogenannte Dividende. Die Gewinnbeteiligung richtet sich nach dem Erfolg des Unternehmens und wird von der Hauptversammlung festgelegt. Über die Dividende werden Aktionäre am Unternehmenserfolg beteiligt. Dividenden müssen aber nicht ausgeschüttet werden. Es gibt zahlreiche Unternehmen, die ihre Dividenden thesaurieren, das heißt, reinvestieren und damit den Unternehmenswert sukzessive steigern. Das spiegelt sich schließlich im Aktienkurs wider.

Damit kommen wir zur zweiten Möglichkeit, wie du finanziell von Aktien profitieren kannst – durch Kursgewinne. Wenn du eine Aktie zu einem gewissen Kurs kaufst und später zu einem höheren Kurs wieder verkaufst, profitierst du von Dividenden und erhältst beim Verkauf einen Bonus. Ebenso gut kann es sein, dass der Kurs der Aktie im Verlauf gesunken ist und du bei einem Verkauf einen Verlust realisierst. Das sind die Konsequenzen, wenn man Miteigentümer am Vermögen (Gewinn und Verlust) eines Unternehmens ist.

Wichtige Fakten zu nachhaltigen Aktien

Fakt 1:

Aktien haben keine Laufzeit oder Mindesthaltedauer. Sie verbriefen deine zeitlose Miteigentümerschaft an einem Unternehmen. Dennoch weiß man, ähnlich wie bei Investmentfonds oder ETFs, dass auch bei Aktien vor allem langfristige Anlagezeiträume für Privatanleger Sinn machen.

Fakt 2:

Innerhalb unseres magischen Vierecks zählen Aktien zu den sehr liquiden Geldanlageinstrumenten. Sie sind mit einem nicht zu vernachlässigenden Risiko verbunden, versprechen dafür aber auch hohe Renditen. Als Öko-ethinvestor wählen wir den Pfad der Nachhaltigkeit. Das ist gerade im Hinblick auf das Risiko ein Vorteil, da nachhaltig wirtschaftende und handelnde Unternehmen ihre Strategie langfristiger ausrichten und damit weniger anfällig für Gewinneinbrüche oder Kursstürze sind.

Die Erklärung: Unternehmen müssen anfangen nachhaltiger zu denken, schon allein aus ökonomischen Gründen. Je nachhaltiger Unternehmen handeln und wirtschaften, umso erfolgreicher sind sie auf lange Sicht. Je kurzfristiger der Handlungs- und Planungshorizont, umso höher das Risiko, dass das Unternehmen Gewinneinbrüchen und erheblichen Kursschwankungen unterliegt, sich zu sehr auf den Aktienkurs fixiert und deshalb schon in wenigen Jahren Konkurs anmeldet oder verkauft wird. Ökologische und soziale Nachhaltigkeit wird somit zunehmend auch auf der Ebene der Unternehmensführung (Governance) als wesentliche Voraussetzung für ökonomische Nachhaltigkeit erkannt und implementiert. Im sozialen Bereich gilt das beispielsweise für die Mitarbeitermotivation. Das sogenannte Humankapital ist die soziale Ressource und beinhaltet das Entwicklungspotential für die Zukunft des Unternehmens. Je mehr die Unternehmensführung in ihr Humankapital investiert, umso besser ist es um die Zukunft des Unternehmens bestellt. Im ökologischen Bereich bezieht sich nachhaltige Unternehmensführung beispielsweise auf eine effiziente Energie- und Ressourcennutzung (die sich wiederum auch positiv auf die ökonomische Situation des Unternehmens auswirkt).

Fakt 3:

Es gibt verschiedene Aktientypen. Am bekanntesten ist die sogenannte Stammaktie. Sie räumt dem Inhaber sowohl ein Stimmrecht, als auch den Anspruch auf Dividende ein. Anders ist das bei sogenannten Vorzugsaktien. Sie verkörpern kein Stimmrecht, im Gegenzug erhalten die Aktionäre dafür aber eine etwas höhere Dividende. Bezüglich der Handelbarkeit solltest du Stamm- bzw. Inhaberaktien wählen. Für uns, die wir Geld nachhaltig anlegen möchten, sind auch sogenannte „Bürgeraktien" interessant. Neben der Miteigentümerschaft an einem Unternehmen (aus der Region), geht es besonders darum, gemeinsam ein gesellschaftliches Ziel zu erreichen (z.B. den Ausbau von Solarenergie).

Fakt 4:

Um Aktien erwerben zu können, brauchst du ein Depot. Der Erwerb von Aktien ist in der Regel mit Transaktionskosten verbunden, die mit entsprechender Rendite erst einmal wieder wett gemacht werden wollen. Deshalb solltest du bei deiner Kauforder auf möglichst geringe Gebühren achten. Bei vielen Depotanbietern entfallen beispielsweise Ordergebühren ab einer Order von 500 Euro.

Fakt 5:

Aktien werden, wie auch Gold oder Immobilien, den Sachwerten zugeordnet; Sachwerte deshalb, weil im Vorhinein keine Rendite (durch z.B. Zinszahlungen) festgelegt wird. Der Wert der Geldanlage orientiert sich am Grundmodell von Angebot und Nachfrage.

Fakt 6:

Aktien können hohe Transaktionskosten verursachen. Hohe Gebühren sollen vermieden werden, indem durch größere Investitionssummen Gebühren in Relation geringer werden. Das wirft aber nicht selten das Problem mangelnder Diversifikation auf. Schließlich gilt als Richtwert, auf keinen Fall Aktienorder mit weniger als 500 Euro pro Aktie aufzugeben, aber mindestens 20 Aktien zu halten, um einigermaßen diversifiziert zu sein. Wir sprechen also von einer Investitionssumme von mindestens 10.000 Euro. Auf der anderen Seite können Aktienbestände sukzessive erworben werden und nach Möglichkeit mit Summen ab 500 Euro pro Aktienkauf. Als Anlagestrategie kannst du auch auf einen (breit diversifizierten und damit weniger risikobehafteten) ETF setzen und diesen mit regelmäßigen Käufen von Aktien-Einzeltiteln ergänzen.

Um dir den Einstieg zu erleichtern, habe ich viel Rechercheaufwand betrieben und eine Liste erstellt, die meiner Meinung nach einige der besten ökologisch sowie ethisch-sozial orientierten Aktiengesellschaften aufführt. Einer meiner Tipps ist es, sich bei der Auswahl an Unternehmen bzw. Aktien zu orientieren, die in Fonds bzw. ETFs vertreten sind. Damit erhält man eine gewisse Vorauswahl, weil hier bereits ein Positiv-Screening durchgeführt wurde oder unethische bzw. nicht ökologische Unternehmen anhand der Ausschlusskriterien ausgesiebt worden sind.

59 ökologisch-nachhaltige (grüne) Aktien

Ich weiß: Jeder Anfang in Sachen Geldanlage ist schwer. Sich im Universum der Geldanlagen zu entscheiden, selbst bei eingeschränkter Auswahl durch den zu beachtenden Faktor Nachhaltigkeit, ist in meinen Augen nicht einfach. Die Entscheidung kann ich natürlich nicht für dich treffen. Ich möchte dich aber dabei unterstützen und dir die Suche etwas erleichtern. Starten wir daher mit einem „Best Of" ökologisch-nachhaltiger Aktien. Unter anderem sind alle Unternehmen aus dem über die Jahre überaus erfolgreichen „Natur-Aktien Index" (NAI) enthalten. Darüber hinaus finden sich etliche Aktien aus den Fonds „DEKA Umweltinvest TF", „ÖkoWorld WorldVision Classic", „Sarasin OekoSar Equity – Global/Sustainable Water Fund" sowie dem „Swisscanto Equity Fund Climate Invest/Water Invest" und mehr. Zu ökologischen bzw. grünen Aktien zählen Unternehmen, auf die ein oder mehrere der folgenden Punkte zutreffen:

1. Sektor Umwelttechnologie (z.B. Solarenergie)

2. Ver- und Entsorgungssektor mit Beitrag zur nachträglichen Verminderung von Umweltschäden

3. Ökologischer Pionier (entwickelt ökologisch innovative Produkte)

4. Entwicklung von umweltfreundlichen Produktionsprozessen und Verfahren

5. Ökologischer Spitzenreiter (Unternehmen, das besonders ökologisch wirtschaftet)

6. Etabliertes grünes Unternehmen (früher ökologischer Pionier)

7. Ökobranche (z.B. Bio- oder Ökosiegel, Naturkosmetik, etc.)

Auch in Renditehinsicht konnten die Werte im NAI in den letzten Jahren überzeugen. Umweltaktien sind somit weit mehr als eine idealistische Geldanlage – sie sind auch finanziell gesehen sinnvoll. Wenngleich es um Umweltaktien geht, so schließt beispielsweise der NAI – lobenswerterweise – Unternehmen aus, die Militärgüter oder umweltschädliche Produkte bzw. Technologien herstellen und nutzen (oder damit handeln). Die Liste enthält überdies Unternehmen, die auf den ersten Blick zwar keine ökologischen Produkte anbieten (z.B. Naturprodukte/Kosmetik oder Elektroautos) und auch keine grünen Dienstleistungen anpreisen, dafür aber im Vergleich zu ihren Konkurrenten besonders ökologisch wirtschaften (z.B. Versicherungen).

Name	ISIN	Kurs (August 2018)	Land	Geschäftsfeld
2G Energy	DE000A0HL8N9	23,20 €	Deutschland	Blockheizkraftwerke
7C Solarparken	DE000A11QW68	2,68 €	Deutschland	Solarenergie
Aalberts	NL0000852564	38,18 €	Niederlande	Innovation
ABB	CH0012221716	19,97 €	Schweiz	Elektrotechnik
Abo Invest	DE000A1EWXA4	1,42 €	Deutschland	Windenergie
Acciona	ES0125220311	72,84 €	Spanien	Bau & Energie
Aixtron	DE000A0WMPJ6	12,10 €	Deutschland	Halbleiter
Akamai	US00971T1016	65,84 €	USA	Software
American Water Works	US0304201033	75,84 €	USA	Versorgung
Andritz	AT0000730007	51,20 €	Österreich	Maschinenbau
Aspen Pharmacare	ZAE000066692	17,01 €	Südafrika	Pharmazie
Baloise Holding	CH0012410517	133,32 €	Schweiz	Versicherung
Boiron	FR0000061129	66,90 €	Frankreich	Homöopathie
Canadian Solar	CA1366351098	12,54 €	Kanada	Solarenergie
Cropenergies	DE000A0LAUP1	4,84 €	Deutschland	Mobilität
East Japan Railway	JP3783600004	78,69 €	Japan	Schienenverkehr

Name	ISIN	Kurs (August 2018)	Land	Geschäftsfeld
Ecolab	US2788651006	127,84 €	USA	Wasser-, Hygiene-, Energietechnologien
Encavis	DE0006095003	6,35 €	Deutschland	Windenergie
Energiekontor	DE0005313506	14,05 €	Deutschland	Erneuerbare Energie
Envitec Biogas	DE000A0MVLS8	7,40 €	Deutschland	Biogas
Eurofins Scientific S.A.	FR0000038259	439,60 €	Frankreich	Gesundheitswesen
First solar	US3364331070	46,19 €	USA	Photovoltaik
Gaiam	US36269P1049	16,00 €	USA	Ökoprodukte
Henkel	DE0006048432	110,95 €	Deutschland	Chemie
Inistuform/ Aegion	US00770F1049	21,53 €	USA	Rohrsanierung
Interface	US4586653044	19,45 €	USA	Bodenbeläge
Kandant	US48282T1043	78,42 €	USA	Papierrecycling
Kingfisher	GB0033195214	3,32 €	Großbritannien	Heimwerkermarkt
Kurita Water	JP3270000007	24,86 €	Japan	Wassermanagement
Mayr-Melnhof Karton	AT0000938204	114,40 €	Österreich	Verpackung
Molina Healthcare	US60855R1005	107,56 €	USA	Krankenversicherung
Natura Cosmetics	BRNATUACNOR6	8,27 €	Brasilien	Kosmetik
Nordex	DE000A0D6554	8,97 €	Deutschland	Windenergie
Ormat Technologies	US6866881021	41,36 €	USA	Geothermie
Osram Licht	DE000LED4000	39,36 €	Deutschland	Elektronik/ Elektrik
PNE Wind	DE000A0JBPG2	2,51 €	Deutschland	Windenergie
Potlatch	US7376301039	45,83 €	USA	Holzprodukte
Ricoh	JP3973400009	8,69 €	Japan	Büromaschinen
Schneider Electric	FR0000121972	69,26 €	Frankreich	Elektrik/Automation
Shimano	JP3358000002	129,29 €	Japan	Fahrradteile

Name	ISIN	Kurs (August 2018)	Land	Geschäftsfeld
Sims Metal Man.	AU000000SGM7	10,91 €	Australien	Recycling
SMA Solar	DE000A0DJ6J9	34,90 €	Deutschland	Photovoltaik/ Solar
Smith & Nephew	GB0009223206	15,11 €	Großbritannien	Medizintechnik
Steelcase	US8581552036	11,86 €	USA	Interior Design
Steico	DE000A0LR936	24,55 €	Deutschland	Dämmung
Stericyde	US8589121081	53,77 €	USA	Entsorgung
Suez AG	FR0010613471	12,54 €	Frankreich	Wasser und Recycling
SunOpta	CA8676EP1086	6,99 €	Kanada	Ökologisch zertifizierte Lebensmittel
SunOpta	CA8676EP1086	7,16 €	Kanada	Ernährung
SunPower	US8676524064	6,33 €	USA	Solarenergie
Svenska Cellulosa	SE0000112724	8,89 €	Schweden	Papier
Tesla Motors	US88160R1014	325,58 €	USA	Elektroautos
Tomra Systems	NO0005668905	17,93 €	Norwegen	Pfandflaschengeräte
Umicore	BE0974320526	49,87 €	Belgien	Elektrotechnik und Recycling
Umweltbank	DE0005570808	9,34 €	Deutschland	Bankwesen
United Natural Foods	US9111631035	29,52 €	USA	Bio-Lebensmittel
Verbio	DE000A0JL9W6	6,08 €	Deutschland	Biokraftstoff
Vestas Wind	DK0010268606	55,00 €	Dänemark	Windturbinen
Waters Corporation	US9418481035	168,95 €	USA	Systemlösungen

Quelle: http://www.nai-index.de/seiten/firmen_liste.html,
https://www.boerse-duesseldorf.de/aktien/nachhaltige_aktien

Diese Übersicht listet eine Reihe interessanter „grüne Aktien" bzw. Unternehmen auf – erhebt aber keinen Anspruch auf Vollständigkeit. Es gilt „wer sucht, der findet". Das Ziel, das ich mit dieser Liste verfolge, ist ein anderes. Ich möchte dir den Start deiner Suche etwas erleichtern, weil ich weiß, wie schwer es gerade zu Beginn ist, sich im Dschungel tausender Aktien zurechtzufinden. Für jeden Geschmack und jede Nachhaltigkeitspräferenz sollte etwas dabei sein, sowohl relativ konservative Unternehmen als auch ultragrüne.

Bevor du allerdings überhastete Schritte unternimmst, bitte ich dich eine eingehende Analyse jener Aktien durchzuführen, die dich interessieren. Erst dann macht es Sinn zu entscheiden, ob eine (langfristige) Investition überhaupt in Frage kommt. Bitte bedenke auch hier den wichtigen Aspekt einer möglichst breiten Diversifikation zur Risikostreuung. Wie du eine gute Aktienanalyse durchführst, kannst du unter anderem im Buch „Einmal Dividende bitte!" meines Autoren-Partners Jens Helbig nachlesen.

49 ethisch-soziale Aktien

Etwas anders stellt sich die Situation bei ethisch-sozialen Aktien dar. Hier steht uns eine deutlich größere Auswahl zur Verfügung. Schließlich kommt es bei dieser Anlageklasse vor allen Dingen auf die Ausschluss- bzw. Negativkriterien an. Das heißt, dass Unternehmen vertreten sein können, die kaum auf ökologische Nachhaltigkeit achten, aber dennoch ethisch-soziale Normen und Richtlinien einhalten. Das erschwert in meinen Augen die Entscheidung erheblich und macht sie deutlich subjektiver: Was für Person A akzeptabel ist, ist für Person B zu légère und käme für Person C überhaupt nicht in Frage.

Die folgende Liste enthält eine breite Palette von Unternehmen aus ganz unterschiedlichen Branchen mit unterschiedlich konsequenter Auslegung – insbesondere ökologischer Faktoren. Hinsichtlich ethischer Gesichtspunkte habe ich mich an den gängigen Ausschlusskriterien bzw. an Indizes orientiert, die Unternehmen anhand von Negativkriterien ausschließen. Nichtsdestotrotz bleibt ein gewisser Unsicherheitsfaktor, schließlich ist es kaum möglich, z.B. die Zulieferer eines Unternehmens unter die Lupe zu nehmen. So mag es zwar Kleidungshersteller geben, die ökologisch-nachhaltig arbeiten, faire Löhne zahlen und Mitarbeitern wichtige Rechte einräumen, allerdings Baumwolle aus einem noch immer sehr sozialistisch-totalitär regierten Kasachstan (oder anderen kontroversen Staaten) beziehen, wo Arbeiter praktisch zum Hungerlohn schuften und Gelder häufig in korrupten Strukturen versinkt. Ich hoffe, dass hier in den nächsten Jahren – gerade was die gesamte Wertschöpfungskette inklusive Zulieferer anbelangt – Unternehmen noch umfassender unter die Lupe genommen werden.

Ich habe mich insbesondere an einer Liste des „Ethisphere Institutes" orientiert, einer der global renommiertesten Organisationen im Sektor der Evaluierung und Förderung ethischer Geschäftspraktiken. Diese Liste ist als „World's Most Ethical Companies"® bekannt. Im Jahr 2018 beinhaltete sie 135 Unternehmen aus fünf Kontinenten, 23 Ländern und 57 Industriezweigen (Diversifikation). Ich liste nicht alle Unternehmen auf, sondern möchte dir eine Auswahl aus den verschiedenen Branchen vorstellen. Du kannst die Liste selbst einsehen *(Link: https://www.worldsmostethicalcompanies.com/honorees/).* Es ist auffällig, dass die meisten Unternehmen US-amerikanischer Herkunft sind. Das ist aber kaum verwunderlich, da Unternehmen aus den USA die mit Abstand größte Marktkapitalisierung an den Finanzmärkten aufweisen. Viele der Unternehmen werden dir daher auch bekannt sein. Amerikas gerechteste Unternehmen lassen sich übrigens auch in einer anderen interessanten Liste im Netz finden *(Link: https://justcapital.com/).*

Name	ISIN	Kurs (August 2018)	Land	Geschäftsfeld
3M	US88579Y1010	178,49 €	USA	Industrielle Fertigung
Accenture	IE00B4BNMY34	139,19 €	Irland	Beratung
Adobe	US00724F1012	218,28 €	USA	Anwendungs-software
Aflac Inc.	US0010551028	40,07 €	USA	Unfall- und Lebensversi-cherungen
Alphabet Inc.	US02079K3059	1.095,67 €	USA	Internet (Goo-gle-Aktie)
Anthem	US0367521038	223,70 €	USA	Krankenversi-cherung
Aptiv	JE00B783TY65	84,45 €	Jersey (GB)	Mobilität
Bank of Montreal	CA0636711016	68,17 €	Canada	Banking
Biogen	US09062X1037	302,69 €	USA	Pharmazie & Biotechnologie
Canon	US1380063099	27,97 €	USA	Bildtechno-logie
CBRE	US12504L1098	41,61 €	USA	Immobilien
Colgate-Pal-molive	US1941621039	57,61 €	USA	Konsumpro-dukte
Cummins	US2310211063	123,29 €	USA	Automobil
Dell	US24703L1035	80,98 €	USA	Technologie
Eastman	US2774321002	87,58 €	USA	Chemie
Edwards	US28176E1082	120,70 €	USA	Medizin
Eli Lilly & Co.	US5324571083	88,00 €	USA	Pharmazie
Geberit	CH0030170408	383,51 €	Schweiz	Sanitärpro-dukte
Grupo Bimbo	MXP495211262	1,83 €	Mexiko	Lebensmittel
Halma	GB0004052071	15,53 €	Großbritannien	Gesundheit
Hasbro	US4180561072	84,79 €	USA	Konsumpro-dukte
Hilton Wor-ldwide	US43300A2033	66,94 €	USA	Hotellerie
Humana	US4448591028	279,67 €	USA	Gesundheit
Intel	US4581401001	43,07 €	USA	Elektronik
International Paper	US4601461035	46,01 €	USA	Wald, Papier, Verpackung

Name	ISIN	Kurs (August 2018)	Land	Geschäftsfeld
Jones Lang Lasalle	US48020Q1076	135,26 €	USA	Immoblilien
M & S 1884	GB0031274896	3,34 €	Großbritannien	Einzelhandel
Manpower Group	US56418H1005	79,61 €	USA	Personal-dienstleister
Mastercard Inc.	US57636Q1040	174,65 €	USA	Zahlungs-dienstleister
Microsoft	US5949181045	94,20 €	USA	Technologie
NextEra Energy	US65339F1012	146,96 €	USA	Energie
Nike	US6541061031	69,68 €	USA	Bekleidung
Nvidia	US67066G1040	224,07 €	USA	Halbleiter
Old National Bank	US6800331075	16,65 €	USA	Banking
Oshkosh	US6882392011	62,91 €	USA	Lastwagen
Praxair	US74005P1049	135,64 €	USA	Chemie
Principal Financial	US74251V1026	48,33 €	USA	Finanzdienst-leistung
Republic Services	US7607591002	62,69 €	USA	Umweltdienst-leistung
Royal Carib-bean Cruises	LR0008862868	96,16 €	USA	Freizeit und Erholung
SGS Group	CH0002497458	2267,19 €	Schweiz	Prüfung / Zertifizierung
Tata Steel Ltd.	US87656Y4061	6,99 €	USA	Bergbau und Metalle
Telekom	DE0005557508	14,27 €	Deutschland	Telekommuni-kation
Texas Instr.	US8825081040	100,35 €	USA	Halbleiter
vf	US9182041080	81,30 €	USA	Bekleidung
Volvo	SE0000115446	14,56 €	Schweden	Automobil
Weyerha-euser	US9621661043	29,58 €	USA	Wald, Papier, Verpackung
Whirlpool Corp.	US9633201069	112,89 €	USA	Haushaltsge-räte
Wipro Ltd.	US97651M1099	4,42 €	Indien	Informations-technologie
Xerox Corp.	US9841216081	23,09 €	USA	Informations-technologie

Quelle: justcapital.com/; ethisphere.com/2018-worlds-most-ethical-companies/

Vielleicht ist dir aufgefallen, dass ich bei der Auswahl der Unternehmen und Branchen darauf geachtet habe, ein möglichst breites Spektrum zu wählen. Das habe ich vor dem Hintergrund getan, damit dem Ziel breiter Diversifikation gerecht zu werden.

Darüber hinaus wirst du bemerkt haben, dass es sich bei der Auswahl ökologischer Aktien um eher weniger bekannte Unternehmen handelt, während sich unter den ethischen Aktien größere und bekanntere Unternehmen finden lassen. Einige davon zählen übrigens zu den sogenannten Dividendenaristokraten. Das sind Unternehmen, die seit einigen Jahrzehnten ihre Dividende jedes Jahr anheben konnten.

Strategie 4: Nachhaltige ETFs

Die Natur ist das Einzige, was der Mensch
nicht erfunden hat und niemals besiegen kann.
Er sollte sie sich zum Freund statt zum Feind machen.

Nachdem wir uns nachhaltige Anleihen und Aktien näher angesehen haben, liegt der Sprung zu Aktien- bzw. Anleihenfonds nahe. Egal, ob die Fonds passiv (ETFs) oder aktiv verwaltet werden – für mich kommen nur Anleihen- oder Aktienfonds in Frage. Das sage ich, weil es noch deutlich mehr Fonds-Assetklassen gibt. Auf diese möchte ich aber aufgrund eines deutlich steigenden Risikos und steigender Komplexität im Rahmen dieses Buches nicht eingehen. Darüber hinaus konzentriere ich mich im Rahmen von Ökoethinvesting überwiegend auf offene Investmentfonds, da geschlossene Investmentfonds eine sehr viel geringere Liquidität aufweisen und mit einem erheblich höheren Risiko verbunden sind.

Unter dem Begriff „Investmentfonds" versteht man grundsätzlich sogenannte Miteigentumspapiere. Das heißt, dass man mit dem Erwerb von Anteilen Miteigentümer am Fondsvermögen wird. In anderen Worten: du besitzt die Aktien nicht, sondern bist „lediglich" Miteigentümer an einem Gesamtvermögen, das aus verschiedene Wertpapiere besteht. Investmentfonds gehören fast immer zum Sondervermögen und fallen damit nicht in die Konkursmasse, sollte beispielsweise die verwaltende Bank Insolvenz anmelden.

Dieses Kapitel ist etwas umfangreicher, weil ETFs in meinen Augen für die Mehrzahl der Privatinvestoren am besten geeignet sind und in keinem Portfolio fehlen sollten. Es spricht aber nichts dagegen, es mit anderen Anlageklassen/Strategien zu ergänzen.

Was sind (nachhaltige) ETFs?

Als ETFs, „Exchange-Traded Funds", bezeichnet man börsengehandelte, passiv verwaltete Indexfonds. Ein Index bildet eine Auswahl verschiedener Aktien oder Anleihen ab. Sie sind liquide, flexibel, versprechen attraktive Renditen, erzeugen, wenn du thesaurierende ETFs wählst, sogar den Zinseszins-Effekt und sind darüber hinaus breit diversifiziert (letzteres senkt das Risiko).

Ich persönlich bin deutlich stärker in ETFs als in Einzeltitel (Aktien) investiert. Schließlich bieten mir ETFs eine breitere Diversifikation und damit sicherere Renditen. Gerade für meinen langfristigen Vermögensaufbau ist das fundamental. Für Anfänger im Bereich (nachhaltige) Geldanlagen sind ETFs in meinen Augen wunderbar geeignet. Wie bereits angedeutet, finde ich ETF-Sparpläne genial, da so mit extrem geringem Zeitaufwand und monatlichen, automatisierten Investitionen (per Dauerauftrag) bemerkenswerte Renditen und ein mächtiger Zinseszins-Effekt erzielt werden kann. Alles was dafür nötig ist, ist Geduld. Mit nur einem Döner pro Tag (das entspricht etwa 100 Euro pro Monat), kannst du bei einer durchschnittlichen Rendite von 8,5 Prozent (das entspricht in etwa dem historischen DAX-Verlauf, der MSCI World SRI hat sogar über 14 Prozent von Mitte 2017 bis Mitte 2018 erzielt) über 25 Jahre ein Vermögen von 100.000 Euro erzielen. Gerade für jene Personen die sich, wie ich mich selbst, als finanzielle Faulbären bezeichnen, gibt es derzeit kaum ein besseres und kostengünstigeres Finanzprodukt, das es erlaubt, mit geringem zeitlichen Aufwand, relativ sicher Geld anzulegen und zu vermehren. ETF-Sparpläne eignen sich hervorragend zum langfristigen Vermögensaufbau und sind vor allem für Börsenneulinge ideal. Aber was verbirgt sich genau hinter ihnen?

Was ist ein ETF-Sparplan?

ETF-Sparpläne oder auch Wertpapiersparpläne sind ETFs, die in regelmäßigen Abständen „bespart" werden. ETFs bilden Indizes ab, die in der Regel verschiedenste Aktien oder Anleihen beinhalten. Man erwirbt somit in festgelegten zeitlichen Abständen – meist monatlich – je nach investierter Summe, Anteile eines ETFs. Je höher der Kurswert des ETF, umso kleiner der Anteil, den man für eine bestimmte investierte Summe erwirbt (und umgekehrt).

Mit ETFs haben wir die Möglichkeit ein ganzes ökologisch-nachhaltiges und/oder ethisch-soziales Aktien- oder Anleihenpaket auf einmal zu erwerben. Auch hier kommt es auf die verschiedenen Evaluierungsmethoden und -ansätze an. Befasse dich also genauer damit, unter welchen Gesichtspunkten die Unternehmen für den ETF oder Fonds ausgewählt werden. Besonders häufig lassen sich ETFs (und aktiv verwaltete Fonds) mit den Zusätzen „SRI" (Socially Responsible Investing) oder „ESG" (Environmental, Social, Governance) finden. Im sogenannten Factsheet des ETF, das du auf den meisten Finanz-Webseiten als PDF herunterladen kannst, muss der Investmentansatz erklärt werden. Diesem Papier solltest du auch entnehmen können, nach welcher Maßgabe und welchen Kriterien investiert wird (z.B. Ausschlusskriterien oder Positiv-Screening). Was ist aber nun so einzigartig positiv an ETF-Sparplänen?

Neun irre Vorteile von ETFs

Investitionsentscheidungen bezüglich nachhaltiger Geldanlagen sollten gut durchdacht sein. Nicht umsonst lautet die Faustformel am Finanzmarkt: „Kaufe nichts, von dem du nichts verstehst"! Beschäftige dich also eingehend mit Vor- und Nachteilen von ETFs, bevor du eine langfristig ausgelegte Entscheidung triffst.

Vorteil 1: Liquidität
ETFs weisen eine hohe Liquidität auf. Das heißt, dass sie nahezu jederzeit gekauft, verkauft und nachgekauft werden können.

Vorteil 2: ETFs sind super für Einsteiger
Mit ETF-Sparplänen kannst du als Einsteiger an der Börse (bei vielen Brokern schon mit 25 bis 50 Euro pro Monat) an Deinem langfristigen Vermögensaufbau schrauben. Damit sind ETFs über eine geschickte Automatisierung von Daueraufträgen wunderbar passivierbar. Anleger partizipieren an Zinsen, Dividenden und steigenden Börsenkursen.

Vorteil 3: Hohe Transparenz
Als Anleger von ETFs wissen wir zu jeder Zeit, in welche Wertpapiere der ETF investiert ist, denn diese Information können wir dem Factsheet entnehmen. Das ist besonders wichtig, wenn Wert auf Nachhaltigkeit und ethische Vertretbarkeit der Investitionen gelegt wird.

Vorteil 4: Diversifikation ist King!
Mit einem ETF erwerben wir ein breit gestreutes Portfolio von Wertpapieren. Wie du weißt, schützt du dich umso besser vor Risiken, je mehr voneinander unabhängige Wertpapiere dein Portfolio umfasst. Je abhängiger die Wertpapiere in Deinem Portfolio, umso höher deren Korrelation und umso höher die Risikokonzentration. ETFs müssen in der Regel mindestens 20 Unternehmen bzw. Wertpapiere halten. Sie sind somit ein tolles Instrument der Risikodiversifikation bzw. -minderung zu einem unschlagbaren Preis.

Vorteil 5: Ausgabeaufschläge adieu!

Wer in einen aktiv verwalteten Fonds investieren möchte, muss in der Regel einen Ausgabeaufschlag (sogenannter Agio) bezahlen. Dieser kann sich schnell zu 4 Prozent summieren und zum Renditedowner werden – gerade zu Anfang. Das ist bei einem ETF nicht der Fall.

Vorteil 6: Günstige Gebührenstrukturen

ETFs verursachen, im Gegensatz zu aktiv verwalteten Fonds, deutlich niedrigere laufende Gebühren. Besonders bekannt ist die sogenannte „Total Expense Ratio" (TER bzw. laufende Verwaltungsgebühr), die meist täglich berechnet und dem Fondsvermögen entnommen wird (Tipp: daher auf ETFs mit einem Volumen von mindestens 100 Mio. Euro zurückgreifen). Interessant sind überdies die sogenannten „Total Costs of Ownership" (TCO), die alle weiteren Kosten, wie beispielsweise Transaktionskosten und Ordergebühren in die Gleichung einbeziehen.

Vorteil 7: Flexibilität

Mit ETFs haben wir die Möglichkeit uns ein individualisiertes, breit gestreutes Portfolio aufzubauen, das nicht nur unseren persönlichen Rendite- und Risikopräferenzen entspricht, sondern ebenso unseren Nachhaltigkeitsansprüchen gerecht wird.

Vorteil 8: Mühsam nährt sich das Eichhörnchen

Thesaurierende ETFs eigenen sich besonders für den langfristigen Vermögensaufbau. Sie sind ein optimales Instrument für passive, langfristig orientierte (faule) Privatanleger, mit Fokus auf nachhaltigen Investments. Darüber hinaus bieten sie aufgrund hoher Liquidität zugleich die Chance auf zusätzliche Kursgewinne. ETFs sind daher mittlerweile zu einem beliebten Anlageinstrument geworden.

Vorteil 9: „Partycipate"

Als Volkswirtschaftler betrachte ich immer auch die makroökonomischen Vorgänge am Finanzmarkt. Über ETFs können wir wunderbar an der sogenannten „Asset Price Inflation" profitieren. Asset Price Inflation heißt, dass sich die Preise (Wertpapierkurse) an den Finanzmärkten aufblähen und eine riesige Geldparty gefeiert wird. Die EZB und viele andere Notenbanken machen es Geschäftsbanken immer einfacher Kredite aufzunehmen und weiterzureichen. Ein nicht unerheblicher Teil fließt jedoch in die Finanzmärkte und bläht dort die Preise für Wertpapiere auf. Während eine Erhöhung der Geldmenge für den klassischen Konsumenten schlecht ist, weil damit in der Regel ein Kaufkraftverlust einhergeht, ist sie für Investoren meist positiv, weil durch das höhere Geldangebot auch die Nachfrage nach Finanzprodukten steigt. Ganz besonders hervorzuheben ist im Rahmen von ETF-Sparplänen der sogenannte „Cost Average Effekt".

Einstiegszeitpunkt egal: Cost Average Effekt

Mit einem ETF-Sparplan minimierst du das Risiko von Kursschwankungen, da du von einem Durchschnittspreis profitierst. Das heißt, dass der Einstiegszeitpunkt für deinen Anlageerfolg eine weniger wichtige Rolle spielt. Das ist ein starkes Argument für ETF-Sparpläne. Als passive Investoren können wir uns in diesem Fall über Kurseinbrüche sogar „freuen", weil wir in diesem Fall mehr Anteile erwerben. Wenn die Kurse dann wieder steigen, profitieren wir. Einfach gesagt:

- Kurs hoch → Erwerb weniger Anteile
- Kurs niedrig → Erwerb vieler Anteile

Der Durchschnittskosteneffekt ist ein Nebenprodukt des langfristigen Vermögenssparplans. Du profitierst damit sowohl von fallenden, als auch steigenden Kurswerten deiner ETFs. Wenn du beispielsweise 100 Euro monatlich in einen Sparplan investierst, erhältst du automatisch mehr Anteile für dein investiertes Geld, wenn sich der Kurswert in diesem Monat schlecht entwickelt hat und gefallen ist. Ist der Kurswert im jeweiligen Monat hingegen gestiegen, kaufst du mit 100 Euro relativ gesehen weniger. Auf lange Sicht erzielst du so einen durchschnittlich niedrigeren Einkaufspreis.

Das bedeutet zugleich, dass gerade Kursschwankungen für hohe Gewinne sorgen können. Diese Gewinne realisierst du allerdings nur, wenn du auch bereit bist, einen Teil deiner ETF-Anteile zu verkaufen. Ein ETF-Sparplan ist dafür prädestiniert dir langfristig und stressfrei entweder ein wachsendes passives Einkommen oder aber ein größeres Vermögen aufzubauen. Zur graphischen Veranschaulichung greife ich auf ein kleines Rechenbeispiel zurück.

Cost Average Effekt graphisch: Investitionseffekt

Beispielinvestition: 50€/Periode (300€ insgesamt). Erworbene Anteile pro Periode in Abhängigkeit des Kurswerts zum gegebenen Zeitpunkt: 1+0,625+1+2,5+1 = 6,125. Das macht einen Gesamtwert der Anteile von: 6,125 * 50€ = 306,25€ und damit ein Plus von 6,25€.

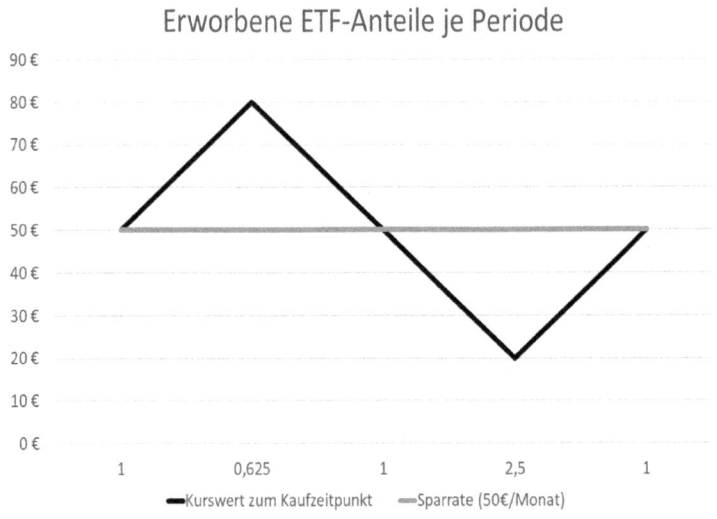

Es wird deutlich, dass sich hieraus eine steigende Gewinnlinie ergibt. Diese Gewinnlinie nimmt mit zunehmendem Fonds-Gesamtvermögen jedoch stetig ab. Das heißt, je größer dein ETF-Vermögen, umso weniger stark macht sich der Cost Average Effekt bemerkbar.

Nachteile von ETFs

Es ist natürlich nicht alles Gold, was glänzt. Auch ETFs haben Nachteile, über die du als nachhaltiger Privatanleger informiert sein solltest, um fundierte Entscheidungen zu treffen.

Nachteil 1: Niedrige Barreserven

ETFs halten generell weniger Barreserven, als aktiv gemanagte Fonds. In Krisenzeiten könnte die Auszahlung ausgesetzt werden. Dies gilt besonders für Nischenmärkte und seltener für größere Länder-ETFs. Das heißt, dass in Krisenzeiten aktiv verwaltete Fonds häufig besser performen.

Nachteil 2: Währungsrisiken

ETFs können Währungsrisiken unterliegen, z.B. wenn sie den großen MSCI World SRI Index abbilden, der auf den US-Dollar lautet. Dadurch holt man sich als Anleger unter Umständen ein zusätzliches Risiko ins Portfolio. Nachteilig ist das dann, wenn der Euro beim Verkauf schlechter steht als beim Kauf. Dies ist jedoch kein ETF-spezifisches Risiko.

Nachteil 3: Synthetix is nix für jeden!

Bei sogenannten SWAP-ETFs – auch synthetische ETFs genannt – wird die Replikation (Nachbildung) des Index per Kontrakt mit einer Partnerbank garantiert. Dadurch entsteht ein sogenanntes Kontrahentenrisiko, da der Swap-Partner zahlungsunfähig werden könnte. Wer diesem Risiko aus dem Weg gehen möchte, ist mit physisch replizierenden ETFs besser bedient. Diese sind bei der Replikation des zugrundeliegenden Index aber meist etwas ungenauer.

Nachteil 4: Weitsicht ist angesagt!

ETFs verlangen von Privat- und Kleinanlegern einen langfristigen Anlagehorizont. Mindestens 5 Jahre sollten es möglichst sein. Wer an massivem Vermögensaufbau durch thesaurierende ETFs und dem von ihnen erzeugten Zinseszins-Effekt interessiert ist, sollte sogar 20 bis 25 Jahre ins Auge fassen.

Nachteil 5: Gebühren sind trotzdem Kosten!

Bei ETFs sind, im Gegensatz zu z.B. Einzeltiteln wie Aktien, laufende Gebühren (TER) zu bezahlen. Die TER, die Total Expense Ratio, beinhaltet unter anderem die Verwaltungskosten, Rechtsberatungs- oder Wirtschaftsprüfungskosten. Diese Gebühren schmälern die Rendite. Das ist der Preis, den wir für das breit diversifizierte Portfolio, das wir erwerben, bezahlen.

Nachteil 6: Überrenditen kaum möglich!

Mit ETFs ist es nicht möglich sogenannte Überrenditen zu erzielen, da sie immer den jeweiligen Markt bzw. die jeweilige Branche abbilden.

Nachteil 7: Marktmacht und Angebotsvielfalt

ETFs können mit ihrer Marktmacht eine Abschwungphase verstärken, wenn viele Anleger zugleich verkaufen. Außerdem hat die große Nachfrage eine schwer überschaubare Angebotsvielfalt hervorgebracht.

Nachteil 8: Noch relativ wenig (grüne) Auswahl

Gerade sehr grüne ETFs sind bisher kaum zu finden. Deutlich besser ist es allerdings um die ethisch-sozialen ETFs bestellt. Nichtsdestotrotz gilt auch hier: wer sucht, der findet. Als Hilfestellung habe ich dir im weiteren Verlauf eine kleine Auswahl an ETFs zusammengestellt.

Vorsicht bei Gebühren und Kosten

Bevor wir uns die Rendite bzw. die Performance einiger stellvertretender ETFs ansehen, möchte ich dich auf die Gebühren und Kosten hinweisen. Anders als beim Erwerb von Anleihen oder Aktien, fallen beim Erwerb von Fonds neben Gebühren auch laufende Kosten an. Grundsätzlich solltest du dich aus Renditegründen nach ETFs bzw. ETF-Sparplänen umsehen, die kostenlos – sprich gebührenfrei – erworben werden können. Viele Onlinebroker, gerade die bei nachhaltigen Banken, verlangen zum Teil hohe Kaufordergebühren. Mache dir also unbedingt über den passenden Broker/Depotanbieter Gedanken, bevor du einen Kauf tätigst oder einen ETF-Sparplan einrichtest. Privatanleger sollten außerdem die Börsenweisheit beachten „Hin und her macht Taschen leer." Als Anleger mit Fokus auf Nachhaltigkeit ist es wichtig, sich von Krisen und negativen Nachrichten nicht aus dem Konzept bringen zu lassen.

Als ETF-Investor bist du Miteigentümer am ETF-Vermögen. Die sogenannte TER wird in der Regel täglich dem Fondsvermögen entnommen. Das heißt, diese Ausgabe wird dir nicht auf dem Kontoauszug ins Auge springen. Sie ist aber dennoch ein wichtiger Faktor, um die Zahlungsfähigkeit des Fonds aufrechtzuerhalten. Darüber hinaus gibt das Fondsvermögen einen Hinweis über die Wirtschaftlichkeit des ETFs. Daher sind sich viele ETF-Experten einig, dass ein Fondsvolumen von mindestens 100 Mio. eine solide Grundlage ist.

Es gibt noch weitere Faktoren, die für eine erfolgreiche Karriere als passiver ETF-Investor von Bedeutung sind. Daher möchte ich dich an dieser Stelle bitten vor der ersten Investition in ETFs weitere Informationen einzuholen. Mit den wichtigsten Faktoren bist du aber bereits vertraut.

Verblüffender Renditevergleich zwischen klassischen und nachhaltigen ETFs

Ich habe bereits des Häufigeren angesprochen, dass nachhaltige Geldanlagen – entgegen ihres Image – aus finanzieller Sicht nicht weniger lukrativ sein müssen, als konventionelle. Das gilt insbesondere für ETFs. Schließlich erwirbst du gleich ein ganzes Anleihen- oder Aktienpaket und damit eine breite Streuung von Wertpapieren.

Etliche Studien bekräftigen diese These. Ich möchte an dieser Stelle kurz einige geläufige, konventionelle Indizes und deren nachhaltige „Schwester"-Vergleichsindizes vorstellen. Mittlerweile ist es möglich, nahezu alle wichtigen Indizes bzw. Kernmärkte mittels Nachhaltigkeitskriterien darzustellen. Ich war bei der Recherche überrascht, wie sehr sich die Performance von konventionellen und nachhaltigen Indizes ähnelt. Dies ist ein weiterer Hinweis darauf, wie unterschätzt der Einfluss der Geldpolitik der internationalen Notenbanken nach wie vor ist.

Für die Vergleiche habe ich die annualisierten Performances bzw. Renditen der vergangenen drei, fünf und zehn Jahre herangezogen. Die Kennung SRI steht dabei für die nachhaltige Version des Index. Für die Bewertung wurden sowohl Ausschlusskriterien, als auch ein Positiv-Screening anhand der ESG-Kriterien genutzt. Dadurch ist z.B. im MSCI World Index nur noch etwa ein Viertel der Titel des Mutterindex übrig. Dies sind aber über 400 Unternehmen und für eine breite Diversifikation mehr als ausreichend.

Index / Performance annualisiert (Tabelle Stand 07/2018)	3 Jahre	5 Jahre	10 Jahre
MSCI Europe	3,23 %	9,14 %	6,12 %
MSCI Europe SRI	4,37 %	10,28 %	7,80 %
MSCI World	9,10 %	10,55 %	6,86 %
MSCI World SRI	9,58 %	10,36%	7,14 %
MSCI All Country	7,10 %	12,38 %	N/A
MSCI All Country SRI	7,54 %	12,29 %	N/A
MSCI Emerging Markets	5,98 %	5,39 %	N/A
MSCI Emerging Markets SRI	6,11 %	5,69 %	N/A

Quelle: https://www.msci.com/ (Stand 29. Juli 2018)

Interessant ist, dass die sogenannte „Sharpe-Ratio", die das Rendite-Risiko-verhältnis gegenüberstellt, bei nachhaltigen ETFs in der Regel deutlich besser abschneiden – nicht selten sogar doppelt so gut.

36 nachhaltige ETFs

Nachdem wir nun mit wichtigen Parametern vertraut sind und uns vor Augen geführt haben, dass ökologisch-nachhaltiges und ethisch-soziales Investieren mit ETFs nicht zwingend weniger Rendite bedeutet, möchte ich dir eine Auswahl interessanter ETFs vorstellen. Bitte bedenke, dass hier von verschiedenen ETF-Emittenten unterschiedliche Ansätze verfolgt und Kriterien herangezogen werden. Welche das jeweils sind, kannst du über das Factsheet des ETF ganz einfach selbst herausfinden.

Die Liste orientiert sich an den wichtigsten Faktoren. Über die Art der Reproduktion, ob physisch oder als SWAP-Geschäft, sowie die Frequenz der Ausschüttungen (jährlich, halbjährlich, quartalsweise) bitte ich dich, dich selbst zu informieren. Damit möchte ich sicherstellen, dass du keine „Schnellschüsse" abgibst. Bitte beachte auch, dass die Ausschüttungsart darüber bestimmt, wie die Renditen (Dividenden oder Zinsen) verwendet werden. Entweder werden diese an dich ausgeschüttet, oder thesauriert (automatisch reinvestiert). Bitte beachte auch, dass die Fondswährung ein wesentlicher

Risikofaktor ist, falls diese nicht auf Euro lautet (bzw. deine Heimatwährung), konkret wenn die jeweils andere Währung (i.d.R. US-Dollar) gegenüber dem Euro an Wert verliert. ETFs mit dem Zusatz „hedged" können hier schützen. Der Bewertungsaspekt „Kriterien" ist in drei Hauptmethoden eingeteilt:

"Impact" steht für „Impact Investing" und damit für konkrete Ziele ausge-wählter Unternehmen. Der „Lyxor World Water UCITS ETF" oder der „iShares Global Water UCITS ETF" konzentrieren sich beispielsweise ausschließlich auf Unternehmen, die im Wasser-Sektor tätig sind und einen großen Teil der Erträge durch Infrastrukturprojekte, Wasseraufbereitungs- oder Wasserver-sorgungsmaßnahmen generieren.

„Ausschluss" heißt, dass Ausschlusskriterien für die Zusammenstellung der Titel herangezogen wurden. Darunter lassen sich auch einige ETFs finden, die den Zusatz „ex Controversial Weapons" tragen. Hier werden Unterneh-men ausgeschlossen, die an der Entwicklung oder Produktion umstrittener Waffen beteiligt sind. Hier haben wir es mit dem wohl ungenauesten Aus-schlusskriterium zu tun, da lediglich „kontroverse Waffen" ausgeschlossen werden und nicht Waffen- und Rüstungshersteller im Allgemeinen. Lass dich also bitte nicht von Begriffen blenden und untersuche die Anlagepolitik der ETFs ganz genau.

Am häufigsten wird dir aber bei deiner Recherche die Bezeichnung „SRI/ ESG" über den Weg laufen. Hierbei handelt es sich entweder ausschließlich um ein Positiv-Screening im Sinne des Best-in-Class-Ansatzes oder die Kom-bination eines Positiv-Screenings mit vorheriger Anwendung von Aus-schlusskriterien.

Nicht zuletzt möchte ich noch darauf hinweisen, dass es ETFs gibt, die den Regeln des sogenannten „Islamic Banking" folgen. Dies sind ETFs, die insbe-sondere für Muslime geschaffen wurden. Sie müssen dem islamischen Recht, der Scharia, entsprechen. Sie verzichten somit nicht nur auf Einnahmen durch Zinsen (Zinsverbot des Koran), sondern legen zudem besonders großen Wert auf soziale und ethische Investments. Diese ETFs sind eine echte Alternative, da die angesetzten Kriterien oft deutlich strenger sind, als jene anderer Nachhaltigkeitsfonds. Du findest in der Liste zwei Beispiele für „Islamic ETFs" (Kriterium: Scharia).

ETF-Bezeichnung, Tabelle: Stand 08/2018	ISIN	TER	Fonds-vermögen	Wäh-rung	Ausschüt-tungsart	Kriterien
Lyxor Global Gender Equality (DR) UCITS ETF Monthly Hedged to EUR - Acc	LU1692072322	0,30 %	1 Mio.	EUR	Thesaurie-rend	Aus-schluss + Gender
Lyxor MSCI USA ESG Trend Leaders (DR) UCITS ETF - Acc	LU1792117696	0,25 %	5 Mio.	USD	Thesaurie-rend	Aus-schluss + SRI/ESG
Lyxor MSCI EMU ESG Trend Leaders (DR) UCITS ETF - Acc	LU1792117340	0,20 %	5 Mio.	EUR	Thesaurie-rend	Aus-schluss + SRI/ESG
UBS ETF (IE) MSCI ACWI Socially Responsible UCITS ETF (hedged to EUR) A-acc	IE00BDR55927	0,48 %	43 Mio.	EUR	Thesaurie-rend	Aus-schluss
BNP Paribas Easy MSCI EMU ex Controversial Weapons UCITS ETF	LU1291098827	0,25 %	402 Mio.	EUR	Thesaurie-rend	Aus-schluss
iShares Dow Jones Eurozone Sustainability Screened UCITS ETF (DE)	DE000A0F5UG3	0,41 %	201 Mio.	EUR	Ausschüt-tend	Aus-schluss + ESG

ETF-Bezeichnung, Tabelle: Stand 08/2018	ISIN	TER	Fondsvermögen	Währung	Ausschüttungsart	Kriterien
iShares global Cleaning UCITS ETF	IE00B1XNHC34	0,65 %	119 Mio.	USD	Ausschüttend	Impact
iShares Green Bond Index Fund (IE)		0,22 %	150 Mio.	EUR	Thesaurierend	Impact
ETFX S-Network Global Water Fund (DE)	DE000A0Q8M86	0,65 %	6 Mio.	USD	Thesaurierend	Impact
iShares Dow Jones global Sust. Screened	IE00B57X3V84	0,60 %	148 Mio.	USD	Thesaurierend	Impact
iShares Global Timber & Forestry UCITS ETF	IE00B27YCF74	0,65 %	123 Mio.	USD	Ausschüttend	Impact
iShares Global Water UCITS ETF	IE00B1TXK627	0,65 %	565 Mio.	USD	Ausschüttend	Impact
FTSE Environmental Opportunities 100 Theam Easy Ucits ETF EUR	FR0010616284	0,45 %	2,29 Mio.	EUR	Thesaurierend	Impact
Lyxor Green Bond (DR) UCITS ETF Hedged to EUR - Acc	LU1563454823	0,30 %	1 Mio.	EUR	Thesaurierend	Impact
Lyxor New Energy UCITS ETF D-EUR	FR0010524777	0,60 %	65 Mio.	EUR	Ausschüttend	Impact
PowerShares Global Clean Energy UCITS ETF	IE00B23D9133	0,75 %	9 Mio.	EUR	Ausschüttend	Impact
Lyxor World Water UCITS ETF D-EUR	FR0010527275	0,60 %	520 Mio.	EUR	Ausschüttend	Impact
iShares MSCI World Islamic UCITS ETF	IE00B27YCN58	0,60 %	127 Mio.	USD	Ausschüttend	Scharia (ethisch/ sozial)

ETF-Bezeichnung, Tabelle: Stand 08/2018	ISIN	TER	Fondsvermögen	Währung	Ausschüttungsart	Kriterien
iShares MSCI Emerging Markets Islamic UCITS ETF	IE00B27YCP72	0,85 %	40 Mio.	USD	Ausschüttend	Scharia (ethisch/sozial)
BNP Paribas Easy Low Carbon 100 Europe UCITS ETF	LU1377382368	0,30 %	344 Mio.	EUR	Thesaurierend	SRI (CO2-
Ausstoß)	DE000A0Q8M86	0,65 %	6 Mio.	USD	Thesaurierend	Impact
db x-trackers S&P U.S. Carbon Efficient ETF	LU0411076002	0,50 %	6,42 Mio.	USD	Thesaurierend	SRI (CO2-
Ausstoß)	IE00B27YCF74	0,65 %	123 Mio.	USD	Ausschüttend	Impact
iShares MSCI Europe SRI UCITS	IE00B52VJ196	0,30 %	367 Mio.	EUR	Thesaurierend	SRI/ESG
UBS ETF (LU) MSCI World Socially Responsible	LU0629459743	0,38 %	589 Mio.	USD	Ausschüttend	SRI/ESG
iShares Sustainable MSCI Japan SRI EUR Hedged	IE00BYVJRQ85	0,35 %	47 Mio.	EUR	Thesaurierend	SRI/ESG
UBS ETF (IE) MSCI ACWI Socially Responsible Hedged	IE00BDR55927	0,48 %	43 Mio.	EUR	Thesaurierend	SRI/ESG
BNP Paribas Easy MSCI KLD 400 US SRI UCITS ETF	LU1291103338	0,30 %	20 Mio.	USD	Thesaurierend	SRI/ESG
iShares Sustainable MSCI USA SRI UCITS ETF	IE00BYVJRR92	0,30 %	259 Mio.	USD	Thesaurierend	SRI/ESG
iShares MSCI Japan SRI UCITS ETF	IE00BYX8XC17	0,30 %	37 Mio.	USD	Thesaurierend	SRI/ESG

ETF-Bezeichnung, Tabelle: Stand 08/2018	ISIN	TER	Fonds-vermögen	Wäh-rung	Ausschüt-tungsart	Kriterien
Franklin LibertyQ Global Equity SRI UCITS ETF	IE00BF2B0N83	0,40 %	5 Mio.	USD	Thesaurie-rend	SRI/ESG
Lyxor MSCI EM ESG Trend Leaders UCITS ETF - Acc	LU1769088581	0,30 %	10 Mio.	USD	Thesaurie-rend	SRI/ESG
UBS ETF (LU) MSCI EMU Socially Responsible UCITS ETF (EUR) A-dis	LU0629460675	0,28 %	565 Mio.	EUR	Ausschüt-tend	SRI/ESG
iShares Sustainable MSCI Emerging Markets SRI UCITS ETF	IE00BYVJRP78	0,35 %	152 Mio.	USD	Thesaurie-rend	SRI/ESG
UBS ETF (LU) MSCI USA Socially Responsible UCITS ETF (USD) A-dis	LU0629460089	0,33 %	562 Mio.	USD	Ausschüt-tend	SRI/ESG
iShares Sustainable MSCI Japan SRI EUR Hedged UCITS ETF (Acc)	IE00BYVJRQ85	0,35 %	47 Mio.	EUR	Thesaurie-rend	SRI/ESG
UBS ETF (LU) MSCI Japan Socially Responsible UCITS ETF (hedged to EUR) A-acc	LU1273488715	0,50 %	14 Mio.	EUR	Thesaurie-rend	SRI/ESG
Deka Oekom Euro Nachhaltigkeit UCITS ETF	DE000ETFL474	0,41 %	20 Mio.	EUR	Ausschüt-tend	SRI/ESG Oekom Research

Altersvorsorge 2.0 mit nachhaltigen ETFs

Neben dem privaten Vermögensaufbau bietet sich ETF-Wertpapiersparen auch für die private Altersvorsorge an. Es deutet viel darauf hin, dass die private Vorsorge in den kommenden Jahrzehnten immer wichtiger und sogar zur zentralen Säule der Absicherung wird. Das zeigt sich u.a. in der Tatsache, dass private Altersvorsorge vom Staat nicht unwesentlich bezuschusst wird. Dem Staat scheint klar zu sein, dass unser Rentensystem, über kurz oder lang, zusammenbrechen wird. Daher werden die Bürger ermutigt, selbst vorzusorgen. Aus diesem Grund erhalten wir vom Staat eine Art zusätzliche Rendite in Form von Zuschüssen und/oder Steuervorteilen. Allerdings sieht der Gesetzgeber vor, dass man sich den Vermögensbetrag später nicht auszahlen lassen kann, sondern ihn verrenten muss. An dieser Stelle möchte ich erwähnen, dass die Riester- und Rürup-Renten sowohl für Angestellte, als auch Selbstständige nutzbar sind.

Die zentralen Stichworte sind Riester und Rürup. Obwohl wir diese Worte schon häufig gehört haben, wissen nur wenige, was wirklich dahinter steckt. Es gibt eine sehr pragmatische Möglichkeit, ohne großen Zeitaufwand zu profitieren. Auf der Webseite *www.fairr.de* kann man sich nicht nur über die verschiedenen Möglichkeiten informieren, sondern direkt online und überaus unkompliziert einen Sparplan in die Wege leiten. Das tolle daran: fairr.de verdient nur dann Geld, wenn auch du, der Kunde, Geld verdienst. Es ist die vielleicht einfachste und unkomplizierteste Art, private Altersvorsorge zu betreiben und zugleich von staatlichen Hilfen zu profitieren. Eine gute Übersicht erhältst du hier:

http://www.faire-rente.de/methodik/liste-der-anbieter-und-produkte/
https://www.fairr.de/produkte/fairruerup/portfolio/
https://www.fairr.de/produkte/fairruerup/kosten/

Auf diese Weise investierst du nicht nur günstig in nachhaltige ETFs, sondern profitierst gleichzeitig von Steuervorteilen.

Zusätzlich können Angestellte von vermögenswirksamen Leistungen (VL) profitieren. Diese können sie, als Teil ihres Gehaltes, direkt vom Arbeitgeber (in einen geeigneten Sparplan) investieren lassen. Bei den VL scheint es sich auf den ersten Blick um relativ geringe monatliche Beträgen zu handeln. Wer aber ein Verständnis von Zins- und Zinseszins Effekt hat, wird verstehen, dass kleine prozentuale Zuschüsse oder eine geringere Steuerbelastung auf lange Sicht mehrere zehntausend Euro ausmachen können.

Die Höhe der Leistungen wird im Arbeitsvertrag festgelegt. Prüfe daher deinen Arbeitsvertrag. Die höchste staatliche Förderung kannst du übrigens bei Aktienfonds abgreifen. Dort hast du auch die höchsten Renditeaussichten. Dabei möchte ich anführen, dass du staatliche Förderung auch dann in Anspruch nehmen kannst, wenn du über dem Niveau von 20.000 Euro pro Jahr (bzw. 40.000 Euro bei Verheirateten) liegst. In diesem Fall entfällt zwar die Arbeitnehmersparzulage, dafür kannst du aber für den Arbeitgeberanteil einen Vertrag abschließen.

Typische Fonds, die für vermögenswirksame Leistungen in Frage kommen sind: Gerling Select 21, Invesco Umwelt- und Technologiefonds, Öko-World Ökovision Classic, Pioneer Funds Global Energy, Sarasin OekoSar Equity, Sarasin Sustainable Equity global oder der SEB ÖkoLux. Du siehst, dass sich mit nachhaltigen ETFs sowohl hervorragende Einzelinvestments tätigen lassen, als auch Altersvorsorge beitreiben lässt –und all das effizient, kostengünstig und strategisch klug.

Strategie 5: Nachhaltige aktive Fonds

„Die Kosten für eine Wiederherstellung beschädigter
Ökosysteme sind zehnmal höher als für Naturschutz."
Tim Kasten (Profisportler)

Wenn es um das Thema Investmentfonds geht, prallen oft unterschiedlichste Ansichten und Philosophien aufeinander. Während die Einen auf ETFs, also passiv verwaltete Fonds schwören, sind die Anderen davon überzeugt, dass nur aktiv verwaltete Fonds etwas taugen. Würden wir nun über klassische Fonds sprechen, würde ich mich ganz klar auf die Seite der ETF-Befürworter stellen. Schließlich bieten sie gerade für passive, langfristig orientierte Anleger alles, was sie sich wünschen können. Allerdings muss in dieser Diskussion von Rendite, Risiko und Liquidität auch der Faktor Nachhaltigkeit berücksichtigt werden. In diesem Bereich gibt es meiner Meinung nach eine Reihe aktiv verwalteter Fonds, die ihr Geld wert sein könnten.

Bevor ich etwas näher auf die Vorteile eingehe und dir anschließend eine kleine Auswahl interessanter, aktiv verwalteter Investmentfonds vorstelle, möchte ich dich mit einem Fonds und Indexansatz vertraut machen, der meiner Meinung nach durchdacht, transparent und glaubwürdig ist: mit dem „Natur Aktien Index".

NAI – Natur Aktien Index (Fonds: Green Effects)

Der sogenannte Natur-Aktien-Index (NAI) umfasst 30 internationale Unternehmen. Das sind genauso viele Titel wie zum Beispiel der DAX. Im Hinblick auf eine breite Diversifizierung sind das zwar weniger, als größere ETFs, dafür wurden die Unternehmen aber nach besonders strengen Kriterien ausgewählt. Zudem ist der NAI nach Ländern und Branchen gestreut. Die Unternehmen müssen sogenannte „erfolgreiche Öko-Vorreiter" sein. Das heißt, sie müssen verbindliche NAI-Kriterien erfüllen. Damit ist der NAI seit seiner Gründung 1997 eine verlässliche Orientierung für „grüne Geldanlagen". Alle Unternehmen werden zunächst den gängigen Ausschlusskriterien unterzogen, bevor sie nachweisen müssen, mindestens zwei von vier Positiv-Kriterien zu erfüllen. Folgende Kriterien sind der Webseite des Natur Aktien Index zu entnehmen:

Kriterium 1

Die Produkte und Dienstleistungen des Unternehmens leisten einen wichtigen Beitrag zur nachhaltigen (ökologischen und sozialen) Lösung wichtiger Menschheitsprobleme. Dazu zählen z.B.:

- regenerative Energieerzeugung
- biologische Landwirtschaft
- effiziente Wassertechnik
- sozial-ökologisch orientierte Forschung, Finanzierung und Beratung
- Armutsbekämpfung

Kriterium 2

Das Unternehmen ist Pionier im jeweiligen Sektor hinsichtlich der Produktgestaltung. Dazu zählt z.B.:

- Lebensdauer und Nutzungseffizienz
- Produktsicherheit
- Recyclingfähigkeit
- Ersatz gefährlicher Stoffe

Kriterium 3

Das Unternehmen ist Pionier im Sektor hinsichtlich technischer Gestaltung des Produktions- und Absatzprozesses. Dazu umfasst z.B.:

- Minimierung des Energie- und Rohstoffverbrauchs
- Umweltverträglichkeit als Unternehmenspolitik
- ständige und nachhaltige Verbesserung der Umweltleistungen

Kriterium 4

Das Unternehmen ist Pionier in seinem Sektor hinsichtlich sozialer Gestaltung des Produktions- und Absatzprozesses. Dazu zählen z.B.:

- Schaffung von Ausbildungs- und Arbeitsplätzen
- Sicherheit und Gesundheitsschutz am Arbeitsplatz
- Überdurchschnittliche Weiterbildungsmöglichkeiten
- besondere Sozialleistungen
- Förderung von Frauen, ethnischen und sozialen Minderheiten

Quelle: http://www.nai-index.de/seiten/kriterien_kurz.html

Der wirtschaftliche Erfolg des Index spricht übrigens für sich. Der NAI abbildende Fonds „Green Effects" konnte seit 2013 eine Gesamtrendite von über 60 Prozent erzielen. Der DAX erzielte im selben Zeitraum eine Rendite von knapp 53 Prozent, der MSCI World sogar „nur" knapp 42 Prozent!

Vorteile aktiv verwalteter Fonds gegenüber ETFs

Bei aktiv verwalteten Fonds bezahlen wir einen Ausgabeaufschlag (Agio). Das ist ein prozentualer Betrag deiner Anlagesumme, um überhaupt in den Fonds investieren zu können. Darüber hinaus sind die laufenden Kosten insbesondere für Management und Verwaltung aktiver Fonds deutlich höher. Eigentlich sind das gute Gründe, sich sofort wieder von ihnen abzuwenden. Als Investoren mit dem Fokus auf Nachhaltigkeit bieten sie aber auch etwas, das ETFs nicht leisten können: Menschen als Fondsmanager. Während ETFs computergesteuert einen Index abbilden, werden aktive Fonds von Menschen verwaltet, die das Fondsvermögen nach festgelegten Kriterien und Parameter investieren. Das führt dazu, dass viele aktiv verwaltete Fonds strengere Nachhaltigkeitsauflagen haben, da bei vielen Fonds beispielsweise ein sogenannter Anlageausschuss über die Auswahl entscheidet.

Ein weiterer allgemein anerkannter Vorteil aktiv verwalteter Fonds gegenüber ETFs ist, dass sie in Krisenzeiten ihre Barreserven erhöhen und das Fondsvermögen anderweitig investieren können. Während ETFs also auch in Krisenzeiten den Vergleichsindex abbilden, können Fondsmanager aktiv verwalteter Fonds desinvestieren und das Geld entsprechend (in vielleicht sogar lukrative Wertpapiere) umschichten.

Bei der Auswahl von Investmentfonds für dein Portfolio und deine Nachhaltigkeitspräferenzen kannst du dich am Siegel des „Forums Nachhaltige Geldanlagen" (FNG) orientieren. Dort wird nicht nur rigoros nach Ausschlusskriterien gearbeitet, sondern auch nach dem FNG-Nachhaltigkeitsprofil gescreent. Alternativ kann dir das Transparent-Label von EUROSIF, dem europäischen Dachverband für nachhaltiges Investment, die Investitionsentscheidung erleichtern. In meinen Augen sind auch die sogenannten Umweltfonds der Umweltbank Nürnberg, die eine stark ökologische Ausrichtung verfolgen, interessant.

31 ökologisch-nachhaltige und ethisch-soziale Investmentfonds

Nachfolgend habe ich eine kleine Auswahl interessanter Investmentfonds zusammengestellt. Sie erhebt natürlich keinen Anspruch auf Vollständigkeit, sondern soll allenfalls Inspiration und Ansporn sein das Thema nachhaltige Geldanlage aktiv anzugehen.

Aktiv verwaltete Fonds, Tabelle: Stand 08/2018	ISIN	TER, Agio	Fondsvolumen	Währung	Ausschüttung	Kriterien
AXA WF - Responsible Development Bonds A	LU0140866178	1,01 %, 5,50 %	3 Mio.	EUR	Thesaurierend	Impact
DWS Klimawandel	DE000DWS0DT1	1,24 %, 5,00 %	62 Mio.	EUR	Ausschüttend	Impact
DWS Water Sustainability Fund	DE000DWS0DT1	1,46 %, 5,00 %	174 Mio.	EUR	Ausschüttend	Impact
GLS Bank Aktienfonds	DE000A1W2CK8	1,54 %, kein	k.A.	EUR	Ausschüttend	Ausschluss + SRI/ESG
GLS Bank Klimafonds	DE000A2DTNA1	1,50 %, 2,50 %	k.A.	EUR	Ausschüttend	Impact
GLS FairWorldFonds	LU0458538880	1,13 %, 2,50 %	k.A.	EUR	Ausschüttend	Ausschluss + Impact
GreenEffects NAI-Wertefonds	IE0005895655	1,24 %, 4,00 %	k. A.	EUR	Thesaurierend	SRI/ESG (NAI)
Invesco Umwelt und Nachhaltigkeits Fonds	DE0008470477	1,69 %, 5,00 %	25 Mio.	EUR	Thesaurierend	Impact + Ausschluss
JSS Sustainable Water	LU0333595436	2,36 %, 3,00 %	204 Mio.	EUR	Ausschüttend	Impact
KEPLER Ethik Aktienfonds (IT) (T)	AT0000A1A1E3	1,21 %, 4,00 %	k.A.	EUR	Thesaurierend	Ausschluss

Aktiv verwaltete Fonds, Tabelle: Stand 08/2018	ISIN	TER, Agio	Fonds-volumen	Wäh-rung	Ausschüttung	Kriterien
Kepler Ethik Mix (A)	AT0000A19288	0,75 %, 3,00 %	158 Mio.	EUR	Ausschüttend	Ausschlus
Kepler Ethik Rentenfonds (T)	AT0000642632	0,76 %, 3,00 %	k.A.	EUR	Thesaurierend	Impact (Bonds)
KEPLER Öko Energien (T)	AT0000A0AMJ6	2,21 %, 4,50 %	k.A.	EUR	Thesaurierend	Impact
natura semper nx-25 Fund R (T)	AT0000A1QDQ4	1,50 %, 3,00 %	k.A.	EUR	Thesaurierend	SRI/ESG (NAI)
ÖkoWorld ÖkoVision Classic	LU0551476806	2,45 %, 5,00 %	847 Mio.	EUR	Ausschüttend	Ausschluss + Impact
ÖkoWorld Water for Life	LU0332822492	2,75 %, 5,00 %	20 Mio.	EUR	Thesaurierend	Impact
ÖkoWorld² ÖkoVision Garant 20	LU0332822906	2,29 %, 5,00 %	16 Mio.	EUR	Thesaurierend	Ausschluss
Pictet - Timber-P EUR	LU0340559557	2,02 %, 5,00 %	390 Mio.	EUR	Thesaurierend	Impact
Pictet Funds - European Sustainable Equities-I EUR	LU0144509550	0,63 %, 5,00 %	204 Mio.	EUR	Thesaurierend	SRI/ESG
Raiffeisen-Nachhaltigkeit-Momentum (R) A	AT0000A1PKQ1	2,00 %, 5,00 %	50 Mio.	EUR	Ausschüttend	Ausschluss + ESG/SRI
Raiffeisen-Nachhaltigkeitsfonds-Mix (A)	AT0000859517	1,46 %, 3,00 %	208 Mio.	EUR	Ausschüttend	Ausschluss + SRI/ESG
Sarasin-FairInvest-Universal-Fonds I	DE0005317127	1,03 %, 2,00 %	219 Mio.	EUR	Ausschüttend	Impact
SEB ÖkoLux EUR Fonds	LU0036592839	1,64 %, 4,50 %	31 Mio.	EUR	Thesaurierend	SRI/ESG
Steyler Fair und Nachhaltig - Aktien - I	DE000A1JUVM6	1,42 %, 1,00 %	40 Mio.	EUR	Ausschüttend	Ausschluss + SRI (Oekom)

Aktiv verwaltete Fonds, Tabelle: Stand 08/2018	ISIN	TER, Agio	Fondsvolumen	Währung	Ausschüttung	Kriterien
Steyler Fair und Nachhaltig - Renten I	DE000A1WY1P4	0,75 %, 0,50 %	62 Mio.	EUR	Ausschüttend	Ausschluss + ESG/SRI
Swisscanto (LU) Equity Fund Global Climate Invest	LU0275317336	1,86 %, 5,00 %	38 Mio.	EUR	Thesaurierend	Impact
Swisscanto (LU) Portfolio Fund Green Invest Equity	LU0161535835	2,06 %, 3,00 %	178 Mio.	EUR	Ausschüttend	Impact
Swisscanto BVG 3 Oeko 45	CH0011315915	k.A., 1,2 %	71 Mio.	CH	Thesaurierend	Impact
Triodos Sustainable Bond Fonds	LU0278272769	1,18 %, 5,00 %	k.A.	EUR	Ausschüttend	Ausschluss + ESG/SRI
Triodos Sustainable Pioneer Fonds	LU0278272843	1,99 %, 5,00 %	k.A.	EUR	Ausschüttend	CSR + Impact
UBS (Lux) Equity Sicav - Emerging Markets Innovators	LU0398999499	2,12 %, 3,00 %	16 Mio.	EUR	Thesaurierend	Impact

Die Auswahl an aktiv verwalteten Fonds im Nachhaltigkeitsbereich ist auf einige wenige Fondsanbieter beschränkt. Wenn du dich hier selbst auf die Suche machen willst, dann hast du bei diesen Anbietern bzw. Banken die besten Chancen, fündig zu werden:

Weitere nachhaltige Fondsanbieter:

Triodos, UBS, Swisscanto, Sarasin, AXA, Kepler, Dexia, Pictet, Invesco, Sicav, Steyler, ÖkoWorld, DWS, Dr. Hoeller, SEB

Komplett automatisiert mit Visual Vest

Ich weiß aus eigener Erfahrung wie hoch die Hürde gerade am Anfang ist, Einkommen bzw. Angespartes zu investieren. Mit der Zeit stellt man aber fest, dass es halb so wild ist Geld (nachhaltig) zu investieren, und es sogar viel Spaß macht. Dafür ist zunächst eine erste Hemmschwelle zu überwinden. Auf der Suche nach einer Einstiegslösung bin ich auf die Plattform „Visual Vest" gestoßen. Das Team von Visual Vest stellt dir, in Zusammenarbeit mit Portfoliomanagern von Union Investment, anhand deines persönlichen Rendite-Risikoprofils ein individuelles, nachhaltiges Portfolio zusammen. Die Gebühren belaufen sich derzeit (Stand: August 2018), auf 0,6 Prozent des Portfoliowerts. Gestreut wird dein Investment global und über viele verschiedene Anlageklassen. Investiert werden kann in ETFs, aktiv verwaltete und nachhaltige Fonds (orientiert am FNG Prüfsiegel). Suche dort einfach nach „GreenFolio".

Was ist der Vorteil? Dein Portfolio wird automatisch anhand deiner Rendite-Risikoeinstellungen neu gewichtet (Rebalancing). Die Überprüfung erfolgt wöchentlich. Darüber hinaus gibt es bei VisualVest keine Mindestgebühr, keine Transaktionskosten, keine Ausgabeaufschläge, keine zusätzlichen Depotgebühren und sogar eine Provisionserstattung für aktiv verwaltete Fonds. Du zahlst für ein Portfolio von 6.000 Euro beispielsweise 3 Euro pro Monat Gebühren. Abgerechnet wird jährlich (Beispiel: 36 Euro pro Jahr).

Strategie 6: Mikrofinanzfonds – ziemlich cool

»Nicht Worte sollen wir lesen, sondern den Menschen,
den wir hinter den Worten fühlen.«
Samuel Butler (Schriftsteller)

In unseren Breitengraden ist es schwer vorstellbar, dass die Hälfte der Weltbevölkerung ihr Leben von weniger als drei US-Dollar pro Tag bestreiten muss. Laut der Weltbank liegt die offizielle Armutsgrenze bei knapp zwei US-Dollar pro Tag. Nach wie vor leiden heute nahezu eine Milliarde Menschen auf unserem Globus an Hunger. Es ist ein Leben, das wir uns in unserer Wohlstandblase kaum vorstellen können. Bei zahlreichen Reisen nach Mexiko, Mittel- und Südamerika habe ich Armut hautnah erlebt und jedes Mal hinterließ sie bei mir Spuren.

Wie kann es sein, dass das weltweite Vermögen – und damit die Chancen auf ein würdiges und selbstbestimmtes Leben – im 21. Jahrhundert noch immer derart ungleich verteilt sind? Sind wir schlicht ignorant? Liegt es ganz einfach in unserer menschlichen Natur, uns selbst am nächsten zu sein, oder ist gar das Wirtschaftssystem „schuld"? Wie lässt sich diese Ungerechtigkeit in Zukunft lösen und wie kann jeder Einzelne seinen Anteil leisten?

Mikrofinanzfonds sind ein Tool, das jeder nachhaltige Investor kennen sollte – nicht nur zu Diversifizierungszwecken. Die Investition in Mikrofinanzfonds war bis vor wenigen Jahren noch fast ausschließlich institutionellen Anlegern vorbehalten bzw. durch Kreditvergaben von großen Organisationen gestützt und finanziert. Die digitale Revolution, die auch im Finanzsektor immer deutlicher erkennbar wird (Stichwort: Fintech), hinterlässt auch hier ihre Spuren. Heute haben Privatanleger die Möglichkeit, sich mit sogar mit relativ geringen Geldbeträgen an dieser Form der nachhaltigen „Entwicklungshilfe" zu beteiligen.

Was sind Mikrofinanzfonds?

Mikrofinanzfonds sind eine wundervolle Geldanlagemöglichkeit für all jene, die verstärkt den Ansatz des „Impact Investing" verfolgen. Mit dieser Art des Investierend lässt sich nämlich direkter Einfluss auf die globale Entwicklung nehmen. Mikrofinanzfonds stellen das Geld zur Verfügung, das Mikrofinanzinstitute weiterverleihen.

Weltweite Bekanntheit erhielten Mikrofinanzfonds bzw. Mikrokredite im Jahr 2007. Mohammed Yunus und seine geniale Idee, die „Grameen Bank", sollten hierfür später mit dem Friedensnobelpreis ausgezeichnet werden. Heute, mehr als ein Jahrzehnt später, gibt es in mehr als 100 Ländern der Erde weit über 400 Mikrofinanzinstitutionen. Dort können Kreditnehmer ihre Kleinkredite mit sogenannten Nanoversicherungen sogar gegen Ausfall absichern.

Aber was versteht man genau unter einem Mikrofinanzfonds?

In vielen Entwicklungs- und Schwellenländern sind Bank-Infrastrukturen kaum oder nur sehr rudimentär vorhanden. Das heißt, dass der Zugang zu Krediten für Privatpersonen zwecks Aufnahme wirtschaftlicher Tätigkeiten sehr schwer ist. Ihnen bleibt häufig nur die Möglichkeit, sich an zwielichtige Geldverleiher zu wenden, die horrende Zinsen verlangen. Yunus und seine „Grameen Bank" hatten sich deshalb das Ziel gesetzt, Kleinstkredite bzw. Mikrokredite zu vergeben. Die Beträge schwanken in der Regel zwischen 50 und 100 US-Dollar. Das Maximum beträgt bei den meisten Institutionen 1.000 US-Dollar.

Die Mikrofinanzierung hat sich heute zu einem der beliebtesten und vielversprechendsten Mittel der Armutsbekämpfung entwickelt. Mikrofinanzorganisationen gewähren insbesondere Frauen in sogenannten Entwicklungs- und Schwellenländern Kleinstkredite – und zwar ohne dafür Sicherheiten zu verlangen. Frauen werden bevorzugt mit der Begründung, dass sie in der Regel besonders ehrlich und zuverlässig sind. Damit geht außerdem die Stärkung der Frauenrolle einher, was erheblich zur Reduzierung von Diskriminierung beiträgt. Zwingende Voraussetzung ist, dass das geliehene Geld unternehmerisch verwendet wird. Die Kreditnehmer müssen darlegen, wie sie mit dem Kredit Einkommen für sich und ihre Familie generieren wollen. Anschließend wird überprüft, ob der Plan auch umgesetzt wurde. Die Kredite dürfen nicht zu Konsumzwecken genutzt werden. Das Einkommen, das durch die Aufnahme der wirtschaftlichen Tätigkeit generiert wird, kommt den Familien zugute. Der Effekt ist somit indirekt. Die Kredite schaffen eine Motivation zur Selbsthilfe, bringen Existenzgründungen voran und stärken darüber hinaus die Frauenrolle. Mikrokredite geben den Menschen in Entwicklungs- und Schwellenländern die Möglichkeit (und Würde), den Weg aus der Armut eigenständig zu beschreiten.

Heute wissen wir, dass dieses Vorgehen eine Kultur fördert, in der verantwortungsvoll die Existenz in die eigenen Hände genommen wird. Das dient letztlich auch der gesamtvolkswirtschaftlichen Entwicklung. Schließlich werden durch Kredite Arbeitsplätze geschaffen und dies führt wiederum zu mehr Wohlstand. In einem System, in dem nahezu alles auf die ökonomische Performance abzielt, ist dies ein genialer Ansatz der Förderung. Heute nehmen bereits über 100 Mio. Menschen weltweit die Dienstleistungen von Mikrofinanzinstituten in Anspruch. Da die Kredite ohne jegliche Sicherheiten vergeben werden, fragst du dich bestimmt, wie sich das auf die Rückzahlungsquote auswirkt „Die Quote wird sicherlich katastrophal sein!", denkst du dir möglicherweise. Das dachte ich zunächst auch, doch das Gegenteil ist der Fall. Über 99 Prozent der Kreditnehmerinnen und -nehmer, überwiegend Personen, die zuvor von anderen Kreditinstituten als nicht zahlungswürdig eingestuft wurden, zahlen ihren Kredit zurück.

Warum?

Kreditnehmer müssen sich zunächst einer Kreditgruppe anschließen. Das heißt, dass auch andere Mitglieder der Gruppe für die Rückzahlung haften. Man bezieht damit den Aspekt sozialer Kontrolle und Solidarität mit ein. Zudem bieten viele Mikrofinanzinstitute den Kreditnehmern ein Training für den korrekten Umgang mit dem Kredit, stetige Unterweisung und Hilfe.

Vorteile, Nachteile und Rendite

Als Klein- und Privatanleger haben wir heute die tolle Möglichkeit, an dieser Entwicklung teilzuhaben und Menschen auf dem ganzen Globus über Mikrofinanzfonds zu unterstützen. Bevor ich auf die Renditeaussichten dieses nachhaltigen Geldanlageinstruments eingehe, möchte ich dich kurz mit einigen Vor- und Nachteilen vertraut machen.

Vorteile	Nachteile
• Portfoliodiversifikation • Relativ sicher (hohe Rückzahlungsquote) • Es gibt auch deutsche Mikrofinanzfonds (Oikocredit oder GLS Bank) • Attraktive Renditen • Entwicklungen werden über mehrere Länder hinweg ausgeglichen (Diversifikation)	• Es gibt schwarze Schafe! Auf die Vergabemethode achten! • Kaum schneller Ausstieg möglich (geringe Liquidität) • Häufig hohe Gebühren (bis zu 2 Prozent) • In der Regel muss ein Ausgabeaufschlag (Agio) bezahlt werden • Mindestanlagesumme erforderlich (meist 1.000 Euro) • Währungsrisiken (werden in der Regel gehedgt, das erhöht aber die Gesamtkosten)

Den größten Vorteil dieser Anlage aus rein investitionstheoretischer Sicht möchte ich noch einmal kurz erläutern – die Diversifikation unseres (nachhaltigen) Portfolios. Die Investition in Mikrofinanzfonds kann erheblich zur Portfoliodiversifikation beitragen, da die Kreditnachfrage in Entwicklungs- und Schwellenländern nahezu unabhängig von den Entwicklungen am Gesamtmarkt ist. Im Fachjargon spricht man von einer niedrigen Korrelation zwischen Mikrofinanzfonds und Markt. Das bedeutet, dass selbst Krisen an Finanzmärkten nur einen eingeschränkten Einfluss auf die Rückzahlungsquote und damit das Risikoprofil von Mikrofinanzfonds haben. Wir diversifizieren also unser Portfolio und die Ausfallquote der Kreditnehmer ist überaus gering (meist < 1 Prozent).

Auf der anderen Seite ist die Liquidität bei Mikrofinanzfonds etwas geringer, da die Rückgabe von Fondsanteilen kaum kurzfristig möglich ist. Nicht selten ist eine ein- bis dreimonatige Kündigungsfrist zu beachten. Die häufig höheren Gebühren kommen durch den hohen Verwaltungsaufwand zustande, da Geld an Mikrofinanzinstitute in ferne Länder verliehen wird.

Als Konsequenz erfolgreicher Mikrokredite ergibt sich manchmal ein Problem, das von der Weltbank als „the missing middle" bezeichnet wird. Viele Kreditnehmer finden sich, nachdem sie erste Fortschritte gemacht haben, plötzlich in einer Zwickmühle wieder. Da sie Geld verdienen, sind sie auf einmal nicht mehr "arm genug", um weitere Mikrokredite zu erhalten. Auf der anderen Seite bleibt ihnen aber auch weiterhin der Zugang zu frischem Kapital durch konventionelle Banken verwehrt. Viele Mikrofinanzinstitute legen daher großen Wert darauf, ebenfalls zu wachsen, um ihre Mikrokunden auch weiterhin unterstützen zu können.

Sicherlich fragst du dich nun wie es um die Rendite von Mikrofinanzfonds bestellt ist. Dies ist ein Thema, das mich während meiner Recherche ziemlich überraschte. Während die Mikrofinanzfonds der GLS Bank beispielsweise eine durchschnittliche Wertsteigerung von zwei bis drei Prozent erreichen, sind bei anderen Gesellschaften durchaus bis zu acht Prozent möglich. Das setzt aber eine nicht unwesentliche Zinshöhe der Darlehen voraus. Bitte beachte, dass nicht nur der erhebliche Verwaltungsaufwand sowie das Hedging von Währungsrisiken zu beachten sind, sondern auch das deutlich höhere Zinsniveau der Länder. Man geht von einer durchschnittlichen Darlehenshöhe von etwa 35 Prozent p.a. aus. Für den Anleger bleiben davon etwa 6 Prozent. Für die Kreditnehmer, die sonst nur Wucherangebote von 20 Prozent am Tag kennen, ist das ein akzeptables Angebot. Diese erhebliche Diskrepanz ist nicht nur auf den Verwaltungsaufwand zurückzuführen, sondern auch darauf, dass die Anbahnung- und die Rückzahlung nur mit hohem Aufwand (und häufig durch Angestellte vor Ort) gewährleistet werden kann.

13 interessante Mikrofinanzfonds im Fokus

Bevor ich mit den Recherchen für dieses Buch anfing, waren mir Mikrofinanz-fonds zwar bekannt, jedoch war aber nicht klar, dass ich auch als Privatanle-ger darin investieren konnte. Als ich mich dann nach konkreten Mikrofinanz-fonds umsah, war ich überrascht, wie groß das Angebot heute bereits ist.

Einige der interessantesten Fonds möchte ich dir in einer kleinen Über-sicht näher vorstellen. Solltest du dein Geld hierzulande wirken lassen möch-test, dann ist die GLS-Bank eine hervorragende Option. Sie bietet einen Mik-rofinanzfonds für Arbeitslose und Sozialhilfeempfänger, die den Schritt in die Selbstständigkeit wagen wollen. Häufig reicht hierfür bereits ein Kredit von 1.000 bis 20.000 Euro. Bei allen aufgelisteten Mikrofinanzfonds ist ein Min-destanlagebetrag zu investieren. Auch hier auf das Währungsrisiko zu achten, sollte der Fonds auf US-Dollar lauten. Die meisten Mikrofinanzfonds sind aus-schüttend, einige wenige thesaurierend.

Mikrofi-nanzfonds, Tabelle: Stand 08/2018	ISIN	Fonds-wäh-rung	Aus-schüt-tung	TER, Agio	Min-destan-lagebe-trag	Zweck
DuAL RE-TURN FUND - Vision Microfinance A-EUR	LU0563441798	EUR	Aus-schüt-tend	2,50%, 3,00%	1.000 €	Mikrokredite in Latein-amerika, Zentral- und Osteuropa sowie Asien und Afrika
DuAL RE-TURN FUND - Vision Microfinance EUR	LU0236782842	EUR	Thesau-rierend	1,95%, 3,00%	1.000 €	Mikrokredite in Latein-amerika, Zentral- und Osteuropa sowie Asien und Afrika
DuAL RE-TURN FUND - Vision Microfinance Local Cur-rency A-EUR	LU0591909972	EUR	Aus-schüt-tend	2,81%, 5,00%	1.000 €	Refinanzie-rung von MFI
Dual Return Fund - Vision Microfinance	LU0563441798	EUR	Aus-schüt-tend	1,45%, 3,00%	1.000 €	Mikrokredite insbesondere für Kleinun-ternehmerin-nen in Latein-amerika
Dual Return Fund - Vision Microfinance	LU0646936202	USD	Thesau-rierend	1,98%, 3,00%	1.000 $	Refinanzie-rung von MFI
GLS AI (Alter-native Invest-ments)– Mik-rofinanzfonds	LU1309710678	EUR	Aus-schüt-tend	2,04%, 2,50%	-	Mikrokredite für Kleinun-ternehmer in Südosteuropa, Lateinamerika, Asien und Afrika
GLS KCD Mikrofinanz-fonds – III	LU1106543249	EUR	Aus-schüt-tend	1,72%, 3,00%	1.000 €	Mikrokredite insbesondere für Kleinun-ternehmerin-nen

Mikrofi-nanzfonds, Tabelle: Stand 08/2018	ISIN	Fonds-wäh-rung	Aus-schüt-tung	TER, Agio	Min-destan-lagebe-trag	Zweck
IIV Mikrofi-nanzfonds	DE-000A1H44T1	EUR	Aus-schüt-tend	1,94%, 3,00%	100 €	Mikrokredite insbesondere für Kleinun-ternehmerin-nen
Oikocredit	-	EUR	Aus-schüt-tend	-	200 €	Weltweit nachhaltige, sozial gerech-te Entwick-lung
responsA-bility Global Microfinance Fund	LU0180189770	USD	Thesau-rierend	2,59%, 5,00%	1.000 $	Mikrokredite in Entwick-lungs- und Transitions-ländern
responsA-bility Global Microfinance Fund H EUR	LU0180190273	EUR	Thesau-rierend	2,09%, 5,00%	1.000€	Mikrokredite in Entwick-lungs- und Transitions-ländern
Wallberg Global Microfinance Fund I	LU0375612404	EUR	Aus-schüt-tend	1,69%, 1,00%	90.000 €	Mikrokredite, sowie Mikro-versicherun-gen, -woh-nungsbau, -versorgung und -infra-struktur
Wallberg Global Micro-finance Fund	LU0375612230	EUR	Thesau-rierend	2,09%, 3,00%	1.000 €	Mikrokredite, sowie Mikro-versicherun-gen, -woh-nungsbau, -versorgung und -infra-struktur
GLS KCD Mikrofinanz-fonds – III	LU1106543249	EUR	Aus-schüt-tend	1,72%, 3,00%	1.000 €	Mikrokredite insbesondere für Kleinun-ternehmerin-nen

Solltest du bei Oikocredit investieren wollen, eine in meinen Augen sehr transparente und vertrauenswürdige Genossenschaft, musst du zunächst Mitglied im Förderkreis deiner Region werden. Der Jahresbeitrag beträgt 20 Euro. Die Mindestbeteiligung von einem Anteil beträgt 200 Euro. Anschließend profitierst du von den Dividenden, die auf maximal zwei Prozent pro Jahr begrenzt sind.

Strategie 7: Nachhaltiges Crowdinvesting

„Wir sägen am Ast, auf dem wir sitzen. Das Bevölkerungswachstum weltweit hält an und alle zusammen leben wir deutlich über unsere Verhältnisse. Wenn wir im Jahr 2050 neun Milliarden Menschen versorgen wollen, ist es dringend Zeit zu handeln."
Eberhard Brandes (Vorstand WWF)

Sicherlich hast du schon einmal von Crowdfunding gehört. Crowdinvesting ist die Weiterentwicklung von Crowdfunding auf finanzieller Renditebasis. Während man bei Crowdfunding auf symbolischer Ebene für die finanzielle Unterstützung kompensiert wird, erfolgt die Rückzahlung bei Crowdinvestments ganz klassisch in Form von Zinsen.

Die Fintech-Revolution macht es Privatinvestoren mit der „Erfindung" des Crowdinvesting möglich, wie die ganz Großen zu agieren. Diese Art der Unternehmensbeteiligung war bis vor wenigen Jahren kapitalstarken Investoren (insbesondere „Business Angels" und „Venture Kapitalisten") vorbehalten. Mittels Crowdinvesting-Plattformen können heute auch Privatinvestoren in junge Unternehmen und Start-ups investieren – und das auch im Nachhaltigkeitsbereich. Neben den Mikrofinanzfonds war diese Entdeckung für mich die größte Überraschung meiner Recherchearbeit. Ich war davon so begeistert, dass ich schon wenige Wochen später, zum Abschluss des Buches, Geld in verschiedenste ökologische und soziale Projekte quer über den Globus investiert habe. Ich spende seit einigen Jahren monatlich 40 Euro an die Flüchtlingshilfe und freue mich nun meine Spenden mit Impact Investments, die sogar eine finanzielle Rendite abwerfen, endlich sukzessive ergänzen zu können.

Was ist Crowdinvesting?

Beim Crowdinvesting ermöglicht eine Community mit vielen Einzelinvestments Projektfinanzierungen und Unternehmensgründungen. Für viele Unternehmen und Start-ups ist diese Finanzierungsform eine gute Alternative zu Fremdkapital, um Geschäftsideen erfolgreich umzusetzen und Zugang zu Eigenkapital zu erhalten, um Fremdkapital aufnehmen zu können. Als Investor profitierst du von potentiellen Gewinnen des Unternehmens oder des Projekts und unter Umständen sogar vom Verkauf eines Unternehmens an Großinvestoren. Nachhaltiges Crowdinvesting verspricht lukrative Renditen, zählt allerdings auch zu den risikoreicheren Kapitalanlagen. Wenn das Unternehmen nicht erfolgreich ist oder ein Projekt scheitert, kannst du dein gesamtes investiertes Geld verlieren; du begibst dich also ganz klar in Richtung Risikokapital. Es gilt einmal mehr: Setze kein Geld ein, auf das du nicht gänzlich verzichten kannst!

Auf nachhaltigen Crowdinvesting-Plattformen können Gründer, Start-ups oder nachhaltige Unternehmen Geschäftsideen bzw. Projekte vorstellen. Sie wählen eine Mindestsumme der Investitionen (Mindestfinanzierungsbetrag), bevor die Angaben der Kapitalsuchenden von der jeweiligen Crowdinvesting-Plattform geprüft werden. Nur bei positivem Ergebnis wird das Gesuch veröffentlicht. Im Anschluss geht es darum, innerhalb eines gewissen Zeitraums die Mindestfinanzierungssumme zu erreichen. Nur in diesem Fall fließt das Geld an das Projekt, ansonsten erhält der Investor sein Geld zurück. Bei erfolgreichen Finanzierungen erhalten Investoren von den jeweiligen Unternehmen regelmäßig Informationen über den aktuellen Geschäftsverlauf und bei Geschäftserfolgen regelmäßig eine vorher vereinbarte Rendite.

Mit deinen Investitionen erwirbst du in der Regel sogenannte Genussrechte bzw. stille Beteiligungen. Das bedeutet, dass du, im Gegensatz zu bestimmten Aktientypen, kein Mitsprache- bzw. Stimmrecht hast. Bei Kommanditgesellschaftsbeteiligungen wiederum wirst du Gesellschafter und erwirbst damit auch ein Stimmrecht. Bitte prüfe daher für jeden Fall welche Anteilsform du jeweils zeichnest. Dir muss außerdem klar sein, dass deine Beteiligungen sogenannte Nachrangdarlehen sind. Das bedeutet, dass du als Investor im Falle einer Insolvenz erst nach allen anderen Gläubigern ausbezahlt wirst (also oftmals garnicht).

Gerade im Hinblick auf die Liquidität im Rahmen des Investmentvierecks schneiden Crowdinvestments unterdurchschnittlich ab. Das kommt daher, dass es kaum möglich und unter Umständen mit sehr hohen Kosten verbunden ist, Anteile vor Rückzahlung zu veräußern. Es ist eine Tendenz, die bei allen Impact Investments verstärkt zu beobachten ist. Das, sowie das Risiko eines Totalverlusts (das ich selbst schon einmal erleben musste) macht Crowdinvestments zu Investitionen, mit denen wir zwar einen großen Einfluss nehmen können, die aber auch sehr riskant sind. Das Risiko wird in der Regel mit einer jährlichen Ausschüttung belohnt, die gegenüber klassischen Anleihen höher ist. Darüber hinaus sind Crowdinvestments besonders transparent und erlauben es uns, gezielt Einfluss auszuüben.

Vorteile und Rendite

Ich bin ein überaus passiver Investor. Ich mag Investitionen wie das Crowdinvesting, die ich über längere Zeit unbeachtet lassen kann, ohne mich zu sehr um ihre Entwicklung zu kümmern. Jede Minute an Aufwand, die diese Art meiner Geldinvestitionen von mir verlangt, schmälert schließlich den passiven Charakter meiner Investments. Crowdinvestments haben darüber hinaus einige andere nennenswerte Vorteile:

Vorteile	Nachteile
• Zusatzgewinne möglich, wenn die Beteiligungen durch Unternehmenserfolg im Wert steigen • Impact Investing => hohe Transparenz und direkter Einfluss • Diversifikation => niedrige Korrelation zum Finanzmarkt • Bis dato (08/2018) keine Depotgebühren • Bis dato (08/2018) keine Transaktionskosten • Schon mit geringem Kapital möglich (ab 50€)	• Nachrangdarlehen (bei Unternehmenspleite kann das Totalverlust bedeuten) • Noch relativ jung, daher eingeschränkte Auswahl

Bei einigen nachhaltigen Crowdinvesting-Plattformen kann man bereits kleine Tranchen (ab 50 Euro) erwerben. Das bedeutet, dass du theoretisch schon mit 5.000 Euro einen 1-Prozent Diversifikationsgrad deiner Investitionen erreichen kannst.

Was heißt 1-Prozent Diversifikation?

Für Klein- und Privatanleger ist es aus Risikogesichtspunkten ein erstrebenswertes Ziel, innerhalb einer Assetklasse (z.B. Crowdinvesting, ETFs und Aktien oder P2P-Kredite) Investitionen so breit wie möglich zu streuen. Gelingt es, dass keine der Investitionen mehr als ein Prozent der Gesamtinvestition der jeweiligen Assetklasse ausmacht, kann man von einer breiten Diversifikation und einem dadurch deutlich minimierten Risiko sprechen. So lassen sich sogar etwaige Totalausfälle gut verkraften bzw. durch die anderen 99 Investments auffangen.

Die Renditen bewegen sich bei nachhaltigen Crowdinvestments, abhängig von Plattform und Projekt, für gewöhnlich bei 2 Prozent (GLS) bis 12 Prozent („Bettervest") und reichen gar bis zu (sehr risikoreichen) 50 Prozent bei FounderNation. Letztere Plattform fokussiert sich besonders auf die Finanzierung von Start-ups und jungen Unternehmen im Sektor der Zukunftstechnologien. Investitionen gleich dort allerdings schon fast "Wetten", da die Ausfallrisiken zum Teil erheblich sind.

Neun interessante, nachhaltige Plattformen

In diesem Kapitel möchte ich dir einige nachhaltige Crowdinvesting-Plattformen vorstellen. Ich persönlich habe bisher auf Bettervest erste Investments getätigt, weil mir dort die geringe Mindestanlagesumme entgegen kommt und ich mich gern langsam an neue Assetklassen herantaste. Damit auch du das Passende findest, habe ich folgend eine Übersicht anhand wichtiger Parameter erstellt:

Plattform	Mindestanlage	Laufzeiten der Beteiligungen	Renditeerwartungen	Art der Investition
Bettervest	50 €	1 bis 10 Jahre	4 bis 12 %	Nachhaltige Projekte
WiWin	500 €	i.d.R. 1 bis 5 Jahre	2 bis 7 %	Ökologische Projekte
GLS Crowd	250 €	i.d.R. bis 5 Jahre	bis 7 %	Nachhaltige Projekte + Unternehmen
GreenVesting	100 €	i.d.R. 1 bis 8 Jahre	bis 7 %	Nachhaltige Projekte
Green Rocket	250 €	i.d.R. 3 bis 10 Jahre	bis 7 %	Energie, Umwelt, Mobilität, Gesundheit
FounderNation	100 €	i.d.R. bis 5 Jahre	bis 50 %	Zukunftstechnologie
Umweltbank	500 €	i.d.R. bis 7 Jahre	bis 7 %	Projektanleihen von Umweltprojekten
Fairpla.net	250 €	i.d.R. bis 7 Jahre	i. d. R. bis 3 %	Klimaschutz
LeihDeinerUmweltGeld	100 €	i.d.R. bis 7 Jahre	bis zu 8 %	Umweltprojekte

Darüber hinaus gibt es noch eine Reihe anderer, klassischer Crowdinvesting-Plattformen, die nicht ausschließlich nachhaltige Projekte und Unternehmen zulassen. Nicht selten tummeln sich auch hier zukunftsweisende (nachhaltige) Unternehmensideen und Start-ups, die sich im sozialen Bereich etablieren wollen. Besonders bekannt sind die Plattformen Companisto, Seedmatch und Conda.

In meinen Augen lässt sich der Fortschritt nachhaltiger Geldanlagen vor allem anhand der Fintech-Entdeckung „Crowdinvesting", festmachen. Dort trifft Impact Investing auf zum Teil immense Renditechancen.

Strategie 8: In Bäume investieren

»Wir stoßen jedes Jahr zweimal so viel Treibhausgas aus
wie Wälder und Meere absorbieren können.«

Jorgen Randers (Autor, Zukunftsforscher)

Eines der ersten nachhaltigen Projekte, das auch für den privaten Anleger zugänglich wurde, waren Waldinvestments. Darunter versteht man Investitionen in die Anpflanzung neuer Bäume im Rahmen ökologischer Projekte. Der finanzierte Wald wächst und gedeiht über Jahre und Jahrzehnte und leistet einen wichtigen Beitrag zum Klimaschutz, bevor er schließlich „abgeerntet" und durch den Verkauf in finanzielle Rendite verwandelt wird. Deine Investition ist somit keine rein finanzielle, sondern auch eine in Artenvielfalt und Klimaschutz durch CO2-Reduktion.

Warum ist das so?

Wälder binden CO2 und verwandeln es in Sauerstoff. Die Hemmungslose Rodung, gerade des Ur- und Regenwaldes (der "Lunge der Erde"), vernichtet nicht nur den Lebensraum seltener, teils vom Aussterben bedrohter Tiere, sondern hat auch für den Menschen weitreichende negative Konsequenzen. Schließlich produzieren Bäume nicht nur lebensnotwendigen Sauerstoff, sondern entziehen der Luft zusätzlich Giftstoffe und verringern sogar Radioaktivität. Darüber hinaus speichern Wälder Wasser, können es filtern und sogar wieder zu Trinkwasser machen. Mehr Wald bremst die Klimaerwärmung, reinigt unsere Luft und bietet Lebensraum, der für den Erhalt der Artenvielfalt unseres einzigartigen Planeten notwendig ist. Bauminvestitionen gehören damit zu den reinsten aller Impact Investments und versprechen zudem lukrative finanzielle Renditen. Sie dürfen meines Erachtens in keinem nachhaltigen Portfolio fehlen.

Vorteile und Renditechancen

Auch für diese Anlageklasse gibt es eine Reihe von Vor- und Nachteilen. Sie ist, wie schon das Crowdinvesting, ein Sektor des Impact Investings, in dem wir es mit tollen Renditen und hohem Risiko zu tun haben. Das lockt auch schwarze Schafe an. Weil wir uns hier im wenig reglementierten, grauen Kapitalmarkt befinden und sich das Investment durch lange Laufzeiten und geringe Liquidität auszeichnet, möchte ich dich besonders bitten jedes Angebot genau unter die Lupe zu nehmen.

Vorteile	Nachteile
• Transparente Impact Investments • Für passive, langfristig orientierte Anleger optimal • Holz ist wichtiger Rohstoff, der immer (mehr) gebraucht wird (Baumaterial, Energiequelle) • Kaum Korrelation zum Finanzmarkt bzw. anderen Anlageklassen • Wachstum unabhängig von Wirtschaft • Nachfragetendenz aktuell sogar stark steigend • Hohe (stabile) Renditechancen	• Voraussetzung: Langfristiger Anlagehorizont • Gelegentlich (wenig nachhaltige) Baum-Monokulturen • Möglicherweise Vertreibung indigener Völker – daher sehr gut prüfen! • Häufig geschlossene Fonds => grauer Kapitalmarkt

Grundsätzlich ist mir diese Anlageform sympathisch, nicht nur aufgrund des ökologischen Einflusses. Holzinvestitionen verlangen von Anlegern vor allem einen langen Anlagehorizont. Das kommt mir als faulem, passiven Investortyp sehr entgegen. Bäume wachsen nicht nur unabhängig von der wirtschaftlichen und politischen Lage, die Erträge stammen außerdem zu drei Vierteln aus dem biologischen Wachstum, während steigende Holzpreise vermehrte Nachfrage schaffen, sowie der Wertzuwachs von Grund und Boden nur etwa fünf Prozent des Ertrages ausmachen. Daraus ergeben sich attraktive Renditechancen, wie sich beispielsweise am „KCREIF Timberland Index" ablesen lässt. Er zeigt die Wertentwicklung von Waldbesitz in Nordamerika und wies von 2008 bis 2018 eine Gesamtrendite von 96,06 Prozent auf. Das macht im annualisierten Durchschnitt etwa 10 Prozent pro Jahr und entspricht damit der 10-jährigen kumulierten Rendite des DAX.

Wie und wo in Holz investieren?

Neben den Direktinvestitionen in Holz meist mittels geschlossener Fonds, kannst du auch im Rahmen von ETFs, aktiven Fonds oder Aktien in Holz bzw. die Holzbranche investieren. Besonders bekannt unter den aktiv verwalteten Holzfonds ist der sogenannte „Pictet Timber" mit einer beeindruckenden 5-Jahres Performance (2013-2018) von über 50 Prozent. Zu den bekanntesten Holz ETFs zählt der „iShares S&P Timber & Forestry", der 25 der größten globalen Unternehmen aus dem Holz- und Forstsektor abbildet. Neben einem TER von respektablen 0,65 Prozent kommt auch ein Währungsrisiko hinzu, da der ETF auf US-Dollar lautet. Dafür konnte der „iShares S&P Timber & Forestry" allerdings eine beeindruckende 5-Jahres Performance (2013-2018) von knapp 70 Prozent erzielen.

Darüber hinaus bieten geschlossene Fonds die Möglichkeit sich direkt an Wiederaufforstungsprojekten zu beteiligen. Da es sich hier jedoch häufig um Edelholz-Plantagen in Form von Monokulturen handelt, die weniger nachhaltig sind, möchte ich ein Projekt erwähnen, das strategische Wiederaufforstung in Form von Mischwäldern betreibt und für eine selektive „Ernte" steht. Das heißt, dass die Bäume sorgfältig ausgewählt und mit Umsicht gefällt werden und nicht durch hemmungslosen Kahlschlag.

Bei „Forest Finance" kannst du bereits mit einer monatlichen Sparrate von 38 Euro in ein spannendes Wiederaufforstungsprojekt in Panama investieren. Im kleinsten möglichen „BaumSparVertrag" investierst du zwölf Monatsraten à 38 Euro (auch als Einmalzahlung möglich). Für diesen Betrag wird Edelholz-Mischwald auf einer Fläche von 125 Quadratmetern (ca. 12 Bäume) gepflanzt und über 25 Jahre für dich gepflegt. Anschließend partizipierst du am Verkaufserlös mit einer mittleren Rendite von ca. 6 Prozent. Alternativ werden zeitlich kürzere Direktinvestitionen in Aufforstungsprojekte ab etwa 2.000 Euro angeboten.

Sechs nachhaltige Musterportfolios

„Mensch: ein vernunftbegabtes Wesen, das immer dann die Ruhe verliert, wenn von ihm verlangt wird, dass es nach Vernunftgesetzen handeln soll."

Oscar Wilde (Schriftsteller)

In meinen Büchern steht Praktikabilität und unmittelbare Anwendbarkeit immer im Vordergrund. Ich schreibe Bücher, die ich selbst gerne lesen würde, die aber nicht auf dem Büchermarkt zu finden sind. Aus eigener Erfahrung und vielen Leserberichten weiß ich, dass der schwierigste Schritt, auch nach eingehender Lektüre, die praktische Umsetzung des Gelesenen ist. Daher werde ich dir in diesem Kapitel einige nachhaltige Portfolioversionen vorstellen. Ich werde die denkbaren Gewichtungen anhand von drei fiktiven Personen mit unterschiedlichen Risikopräferenzen und Nachhaltigkeitstendenzen aufzeigen. Dein Alter sollte eine ganz entscheidende Rolle bei deinen Risikoüberlegungen spielen. Grundsätzlich gilt: Je jünger eine Person ist, desto höher ist das Risiko, das sie eingehen kann. Schließlich bleibt ihr mehr Zeit, etwaige Verluste durch zukünftige Gewinne wieder auszugleichen. Diese Tatsache geht Hand in Hand mit der Erkenntnis, dass der Anlagehorizont den größten Einfluss auf den Anlageerfolg hat. Überprüfe daher anhand deines Alters, welches Risikoniveau für dich am besten geeignet wäre.

Dein Alter (Risikoniveau)
- Bis 35 Jahre (hohes Risiko) => risikofreudig
- Bis 55 Jahre (mittleres Risiko) => neutral
- Ab 55 Jahre (niedriges Risiko) => konservativ

Zudem musst du dir überlegen, ob du Vermögen oder passives Einkommen aufbauen möchtest. Wenn du passives Einkommen erzielen willst, sind ausschüttende Anlageprodukte zu wählen, bevorzugst du Vermögensaufbau, dann wähle thesaurierende Anlageprodukte. Natürlich lassen sich auch beide Ausschüttungsarten wunderbar miteinander kombinieren – so mache ich das persönlich.

Meine Erfahrung hat mir gezeigt, dass neben dem wichtigsten Faktor Anlagehorizont, eine breite Diversifikation der maßgebende Faktor für einen nachhaltigen Investitionserfolg ist. Daher habe ich den drei Anlagetypen und allen sechs Musterportfolios alle sechs Anlageklassen beigemischt. Wenn du die ein oder andere Anlageklasse weglassen möchtest, verteile ihren Anteil am besten auf die übrigen Anlageklassen. Mindestens drei Anlageklassen sollten es in meinen Augen aber sein.

Person 1 (bis 35 Jahre, hohes Risiko)

Nachhaltigkeitstendenz: normal

=> eher ESG (Ausschluss + Positiv-Screening)

Anlageklasse	Portfoliogewichtung in Prozent
Festgeld/Tagesgeld	5
Anleihen/Anleihenfonds (aktiv/ETF)	20
Aktien/Aktienfonds (aktiv/ETF)	50
Mikrofinanzfonds	10
Crowdinvesting	10
Bäume	5

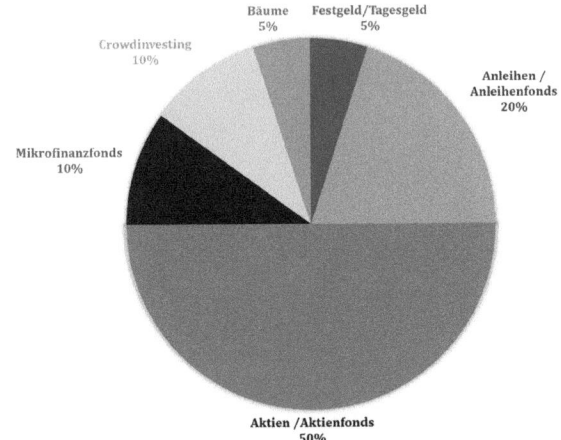

Person 1 (bis 35 Jahre, hohes Risiko)

Nachhaltigkeitstendenz: Stark

=> eher Impact Investing

Anlageklasse	Portfoliogewichtung in Prozent
Festgeld/Tagesgeld	5
Anleihen/Anleihenfonds (aktiv/ETF)	20
Aktien/Aktienfonds (aktiv/ETF)	25
Mikrofinanzfonds	15
Crowdinvesting	20
Bäume	15

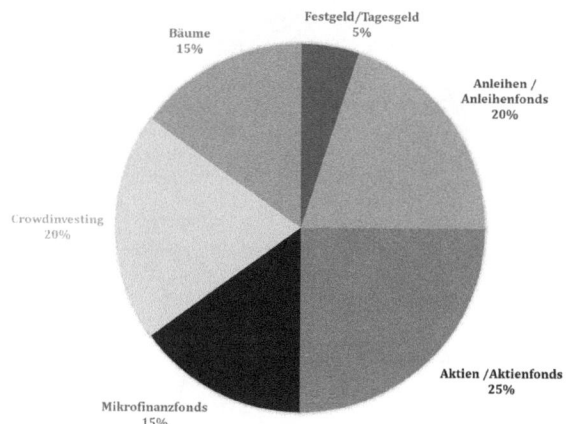

Person 2 (bis 55 Jahre, mittleres Risiko)

Nachhaltigkeitstendenz: normal

=> eher ESG (Ausschluss + Positiv-Screening)

Anlageklasse	Portfoliogewichtung in Prozent
Festgeld/Tagesgeld	10
Anleihen/Anleihenfonds (aktiv/ETF)	35
Aktien/Aktienfonds (aktiv/ETF)	30
Mikrofinanzfonds	10
Crowdinvesting	10
Bäume	5

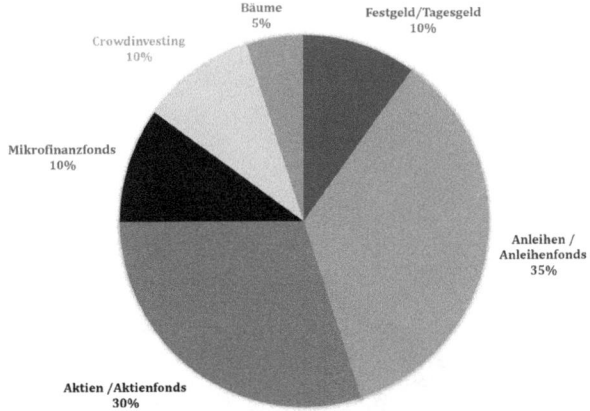

Person 2 (bis 55 Jahre, mittleres Risiko)

Nachhaltigkeitstendenz: Stark

=> eher Impact Investing

Anlageklasse	Portfoliogewichtung in Prozent
Festgeld/Tagesgeld	10
Anleihen/Anleihenfonds (aktiv/ETF)	30
Aktien/Aktienfonds (aktiv/ETF)	20
Mikrofinanzfonds	15
Crowdinvesting	15
Bäume	10

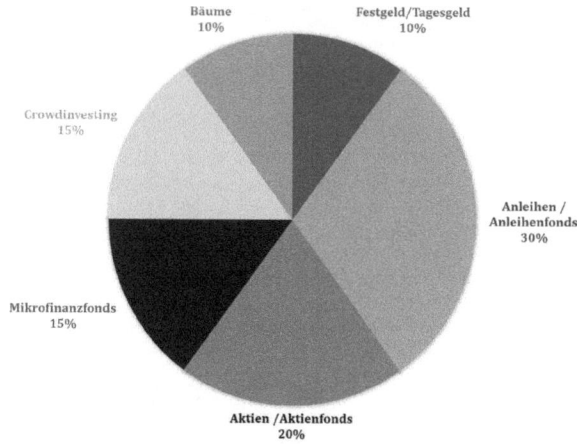

Person 3 (ab 55 Jahre, niedriges Risiko)

Nachhaltigkeitstendenz: normal
=> eher ESG (Ausschluss + Positiv-Screening)

Anlageklasse	Portfoliogewichtung in Prozent
Festgeld/Tagesgeld	10
Anleihen/Anleihenfonds (aktiv/ETF)	60
Aktien / Aktienfonds (aktiv/ETF)	20
Mikrofinanzfonds	3
Crowdinvesting	4
Bäume	3

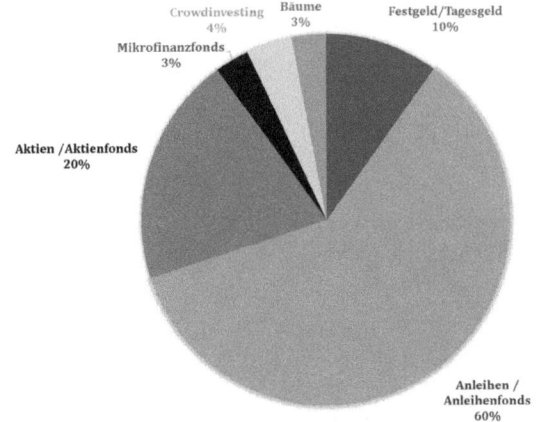

Person 3 (ab 55 Jahre, niedriges Risiko)

Nachhaltigkeitstendenz: Stark

=> eher Impact Investing

Anlageklasse	Portfoliogewichtung in Prozent
Festgeld/Tagesgeld	10
Anleihen/Anleihenfonds (aktiv/ETF)	60
Aktien/Aktienfonds (aktiv/ETF)	15
Mikrofinanzfonds	5
Crowdinvesting	5
Bäume	5

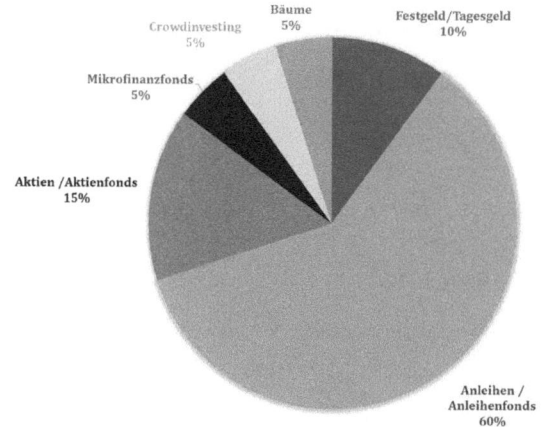

Diese sechs Musterportfolios sind lediglich grobe Vorschläge, die dir dabei helfen sollen, eine deinen Risikopräferenzen angemessene Verteilung und Gewichtung der verschiedenen nachhaltigen Assetklassen zu gewährleisten. Du solltest sie individuell deinen persönlichen Präferenzen und Zielen angleichen. Die Verteilung gilt es anschließend durch regelmäßige Neugewichtung (Rebalancing) aufrechtzuerhalten. Als überaus passiver Investor mit sehr langfristigem Anlagehorizont gewichte ich meine Posten lediglich einmal im Jahr neu.

Bonus: Mit Nachhaltigkeit Unternehmer werden

„Die entscheidende Zutat ist, deinen Arsch hochzukriegen und etwas zu tun. So einfach ist das. Viele Menschen haben Ideen, aber nur wenige entscheiden sich, sie auch anzugehen: nicht morgen, nicht nächste Woche, sondern heute. Ein wahrer Entrepreneur ist ein Macher, kein Träumer."
Nolan Bushnell (Ingenieur, Unternehmer)

Wir nähern uns mit großen Schritten dem Ende dieses Buches. Dieses Kapitel mag zwar nicht direkt mit Geldanlagen zu tun haben, indirekt scheint es mir aber durchaus relevant. Ich habe es daher als Bonuskapitel angehängt, für all jene, die noch einen Schritt weiter gehen möchten.

Wer meine anderen Bücher kennt und meinem Blog folgt, weiß, dass ich mich nicht nur als Autor, sondern auch als Unternehmer betrachte. Das eigene Unternehmen war immer mein großer Traum. In meinen Augen ist es der einzige Weg, dem Hamsterrad nicht erst mit Herannahen des Rentenalters zu entkommen, sondern schon in jungen Jahren den Absprung zu schaffen. Noch viel wichtiger aber ist für mich einer Tätigkeit nachzugehen, die mich erfüllt und glücklich macht.

Wer einen Job hat, den er auch ohne Bezahlung ausüben würde, der hat seine wahre Berufung gefunden und sieht ihn nicht länger als Arbeit.

Heute haben wir – nicht zuletzt durch die digitale Revolution – die tolle Möglichkeit, ohne große Risiken ein Unternehmen zu gründen. Entscheidend für diese Wendung ist, dass wir durch das Internet direkt an Endkunden herantreten können und dafür nicht länger Intermediäre benötigen. Möchtest auch du diesen Traum in die Tat umsetzen und neben Ausbildung, Studium oder Beruf eine Nebenbeschäftigung zum Hauptberuf machen? Und das ohne dich dafür in ein großes finanzielles Risiko zu stürzen? Dazu mit einer Geschäftsidee, die ökologische und soziale Faktoren beachtet? Genau dafür habe ich einige Tipps und Tricks in diesem Kapitel für dich zusammengetragen.

Ich führe den Punkt des Unternehmertums an, weil das eigene Projekt in meinen Augen stets die höchsten Renditen abwirft. Mit Investitionen kannst du zwar, ohne größere Risiken einzugehen, leicht bis zu acht Prozent Rendite im Jahr erwirtschaften (und deine Investition damit in neun Jahren verdoppeln), aber Renditen von 100 oder gar mehr Prozent sind mit Investitionen für Privatanleger so gut wie ausgeschlossen. Diese Zahlen lassen sich meines Erachtens nur mit einem eigenen nachhaltigen Unternehmen realisieren – ganz zu schweigen von der Kontrolle über die Höhe deines Einkommens und den Einfluss deiner Tätigkeit auf Mensch und Umwelt. Als Unternehmer tauschst du außerdem Geld nicht länger gegen Arbeit bzw. Lebenszeit. Als Angestellter oder Selbstständiger kannst du maximal 16 bis 18 Stunden am Tag für Geld arbeiten. Das heißt, dass dein Verdienst auf deine quantitative Arbeitsleistung beschränkt bleibt. Du kannst deinen Lohn entweder durch Beförderungen und Gehaltserhöhungen (als Selbstständiger durch Erhöhungen deines Stundensatzes) verbessern, oder durch das Aufstocken deiner Arbeitszeit.

Für den Unternehmer oder die Unternehmerin (bzw. Investoren) stellt sich diese Situation anders dar. Er oder sie investiert ebenfalls Zeit und/oder Kapital, allerdings vor dem Hintergrund, diese Investition später mehrfach zurückgezahlt zu bekommen. Einmal mehr wird klar, weshalb die beiden Aspekte des passiven Einkommens, Skalierbarkeit und Automatisierbarkeit, so wichtig sind. Allen erfolgreichen Unternehmen der Welt gelingt es, diese beiden Eigenschaften ideal für sich zu nutzen.

Bevor du weiterliest, muss ich aber betonen, dass Entrepreneurship und Unternehmertum nicht für Jeden geeignet ist. In der Regel bedeutet Unternehmertum (wie bereits die Selbstständigkeit) vor allem zu Beginn deutlich mehr Arbeit. Auch ich arbeite noch immer selbst und ständig! Dazu musst du bereit sein. Auf der anderen Seite waren die Zeiten nie besser, um den eigenen Weg zu finden, zu gründen und auf die Seite der Unternehmer zu wechseln. Schließlich können wir uns heute nahezu alle notwendigen unternehmerischen Fähigkeiten selbst aneignen – und das ganz ohne Studium.

Die Digitalisierung ermöglicht uns, mit immer detaillierterem Wissen und besseren Angeboten, immer spezifischere Kundengruppen zu erreichen. Das sind Kundengruppen, die für größere Unternehmen meist wenig relevant sind (z.B. Kunden, die wie wir, stark an ökologischer und sozialer Nachhaltigkeit interessiert sind), da sie zu klein sind. Diese können für uns als kleine Unternehmer höchst lukrativ sein. Wichtig ist vor allen Dingen die Beziehung von Angebot und Nachfrage wirklich zu verstehen. Solange du Produkte oder Dienstleistungen anbietest, für die in einem (spezifischen) Markt Nachfrage besteht und du deine Ausgaben und laufenden Kosten minimal hältst, hast du gute Chancen, am Ende ein sehr erfolgreicher Unternehmer zu sein.

Orientierungshilfe für Unternehmer im Sektor Nachhaltigkeit

„Ein Produkt überzeugt, wenn es für den Nutzer eine Brücke in die Zukunft schlägt und nicht, wenn es einen gigantischen Sprung erfordert."

Aaron Levie (Unternehmer)

Bevor ich meine Tipps und Tricks für die Gründung eines Unternehmens neben dem Studium oder dem Job mit dir teile, möchte ich, dass du dir deiner Ziele und deiner Präferenzen durch Beantwortung der nachfolgenden Fragen bewusst wirst. Sie sind deine Orientierungshilfe.

Deine Ziele
- Was würdest du tun, wenn Geld keine Rolle spielen würde?
- Was möchtest du erreichen?
- Wie viel kostet das? Brauchst du dafür Geld? Wie viel?
- Was bist du bereit, dafür zu tun?

Deine Ausgangssituation
- Welche Geldquellen besitzt du?
- Willst du an aktivem oder passivem Einkommen arbeiten?
- Bist du vom Typ Unternehmer, Selbstständiger oder Angestellter?
- Bist du glücklich mit dem, was du tust? Willst du es sein?

Tipps für deine nachhaltige Unternehmensidee
- Was wäre dein Traumjob? Ist er erreichbar?

Nicht erreichbar? Was sind pragmatische Alternativen?
- Was hat dich als Kind besonders interessiert?
- Was kannst du besser als die meisten anderen (Stärken/Talente)?
- Wozu wirst du von anderen häufig befragt?
- Wie lässt sich aufgrund dieser Präferenzen ökologisch und sozial zusätzliches Geld verdienen?

Sechs geniale Tricks
für künftige „Ökoethpreneure"

„A business that makes nothing but money
is a poor business."
Henry Ford (Unternehmer)

Du wirst mir zustimmen, wenn ich sage, dass die Reise ins Unternehmertum ganz besonders bereichernd ist, wenn sie aus etwas besteht, das man gern tut und das Menschen und Umwelt hilft. Diese neue Form der Selbstständigkeit bzw. des Unternehmertums bezeichne ich in Anlehnung an „Ökoethinvesting" als „Ökoethpreneurship". Da auch ich lange diesem Traum hinterhergelaufen bin und weiß, wie schwer es sein kann, ihn zu realisieren, möchte ich dir sechs tolle Tipps und Tricks für dein zukünftiges Business mit auf den Weg geben. Sie sollen inspirieren, zum Nachdenken anregen und dich letzten Endes zu einer Entscheidung „zwingen" – gründen oder bleiben lassen.

1 Deine eigene Nische kreieren
Die meisten Menschen, die sich selbstständig machen möchten, haben das große Problem, nicht zu wissen, was sie wirklich wollen. „Ja, ich würde mich gerne selbstständig machen, aber ich weiß einfach nicht womit!" Sie häufen Ideen über Ideen an, aber so richtig begeistern können sie sich für keine von ihnen. Andere zweifeln zu viel oder leiden an Ideenmangel. Dabei gibt es einen genialen Ansatz, mit dem du in Sekundenschnelle markttaugliche, lukrative Ideen produzieren kannst.

Kreiere deine eigene Nische!

Geht es dir nicht auch so: Du gehst in den Supermarkt, bist beim Friseur oder nutzt eine App und plötzlich fällt dir auf, wie es eigentlich viel besser und nachhaltiger gehen würde? Gratulation! Du hast gerade eine neue Nische entdeckt! Aus meiner Sicht sind jene Geschäftsideen die besten, die Jemand ins

Leben gerufen hat, der selbst das entsprechende Produkt oder die Dienstleistung auf dem Markt nicht finden konnte. Es gibt kaum einen praktikableren und relevanteren Ansatz. Schließlich kannst du davon ausgehen, dass es sehr viele andere Menschen gibt, die ebenfalls – häufig sogar sehr verzweifelt – nach einer ähnlichen Lösung für ihr Problem suchen. Einige Kontrollfragen:

- Welches Produkt oder welche Dienstleistung vermisst du im Nachhaltigkeitssektor?
- Wofür würdest du Geld ausgeben, wenn es das Produkt gäbe?
- Was findest du gut, aber stark verbesserungswürdig?

Suche mit Zettel und Stift nach Antworten auf diese Fragen. Dadurch findest du nicht nur geniale Geschäftsideen, sondern erzeugst zugleich ein wertvolles Unterscheidungskriterium: Konkurrenzlosigkeit. Für uns hieß die Antwort beispielsweise: „Bücher, die wirklich praktikabel, aber theoretisch fundiert sind und nachhaltige, praktische Wege aufzeigen, finanzielle Freiheit zu erreichen." Das war etwas, das ich während meines Studiums verzweifelt gesucht habe, aber nicht fand. Ich entschied also, sie selbst zu schreiben.

In meinen Augen kann jeder Unternehmer werden.

Erfolgreiche Unternehmer haben verstanden, dass das Geld bezahlt, wofür im Markt ein Bedürfnis besteht. Das ist der Aspekt, der am stärksten über den Unternehmenserfolg entscheidet. Hier haben wir im Sektor Nachhaltigkeit mit seinen Megatrends enorme Chancen. Gehe also gerne zurück und wirf einen Blick auf die verschiedenen Megatrends und Märkte.

2 Drei fundamentale Kriterien für dein Business

Selbstverständlich gilt es bei der Gründung eines Unternehmens viele Aspekte zu beachten, aber einige wiegen schlicht stärker und haben einen größeren direkten Einfluss auf Erfolg und Misserfolg, als andere. Drei ganz besonders wichtige Aspekte der Gründung eines kleinen Business möchte ich dir vorstellen.

1. Besteht eine Nachfrage?

Dein Produkt oder deine Dienstleistung kann noch so genial sein: Wenn sie dir später niemand abkauft, bzw. niemand bereit ist, dafür Geld auszugeben, wirst du keinen Erfolg haben. Bevor du also ein Geschäft gründest, solltest du immer erst die Nachfrage im entsprechenden Markt kennenlernen und analysieren. Je schärfer du hierfür die entsprechende Zielgruppe abzugrenzen in der Lage bist, die später zu deinen Konsumenten zählen soll, umso wertvoller ist diese Analyse.

2. Welches Problem löst du?

Darüber hinaus muss dein Produkt oder deine Dienstleistung ein Problem lösen. Nur dann erzeugt es für den Interessenten auch wirklich Mehrwert. Je größer und allgegenwärtiger das Problem ist, das du mit deinem Produkt bzw. deiner Dienstleistung zu lösen vermagst, umso größer der Mehrwert für die Konsumenten und umso erfolgsversprechender und profitabler deine Geschäftsidee.

3. Kannst du es vielleicht einfach nur anders oder besser machen?

Ich habe bereits im ersten Punkt angesprochen, dass eine eigene Nische ein wertvolles Unterscheidungskriterium ist. Schließlich bist du zunächst einmal konkurrenzlos. Wenn es dir darüber hinaus gelingt mit der Lösung, die dein Business anbietet, eine Marke zu schaffen, hast du schon fast gewonnen.

Fehlender Markenaufbau ist einer der häufigsten Gründe, weshalb gerade junge Gründer und Unternehmer scheitern. Sie legen kaum Wert darauf. Das ist auf der einen Seite verständlich, weil vermeintlich bessere Dinge zu tun sind, auf der anderen Seite aber ist das gerade auf mittlere und längere Sicht katastrophal. Ein solcher Fehler kann nachträglich nur schwer oder garnicht behoben werden. Arbeite also von Anfang an am Markenaufbau und daran mindestens 1.000 echte Fans für deine Lösung zu gewinnen. Wahre Fans sind deine Markenfürsprecher, sie helfen dir bei Schwierigkeiten und sind gewillt – da sie kaum preissensitiv sind – alles von dir zu konsumieren.

Tipp: Schreibe in drei Sätzen, was dein Geschäft ganz genau tut und was es einzigartig macht. Je schärfer die Beschreibung, umso einfacher die Gründung und der Verkauf.

3 Höre nicht auf das, was andere sagen!

Zweifler sind Gift für die eigene Selbstständigkeit. Das konnten auch wir immer wieder auf unserem Weg beobachten. Außer uns hat so ziemlich niemand an unsere Vision geglaubt. Und heute, einige Jahre später, sind es dieselben Personen, die uns um Rat fragen und sogar Unternehmen mit uns gründen wollen. Das Einzige, was wirklich zählt, ist, dass du nicht an dir bzw. deiner Idee zweifelst. Wir waren uns immer sicher, dass wir mit unserer Idee, unserem Konzept und unseren Produkten nicht nur Mehrwert schaffen würden, sondern auf mittlere bis lange Sicht auch finanziell große Erfolge einfahren würden. Dies war weniger einer rationalen Überlegung geschuldet, als vielmehr einer unerschütterlichen, positiven Grundhaltung. Glaube an dich und du kannst alles schaffen!

4 Billig verliert

Viele Gründer zielen mit ihren Ideen gleich auf den ganz großen Wurf ab. Nicht selten versuchen sie, mit günstigen Produkten oder Dienstleistungen zu gewinnen. So macht man sich das Leben aber gerade am Anfang besonders schwer.

Sei die teure Option am Markt!

Was heißt das? Je teurer du dein Produkt oder deine Dienstleistung verkaufst, umso weniger Käufer benötigst du, um Gewinne zu erzielen. Schließlich operierst du mit deutlich höheren Margen (Gewinn/Verkauf). Das heißt, dass du mit einer Marge von 100 Euro pro Produkt oder Dienstleistung schon mit einem Verkauf pro Tag einen monatlichen Überschuss von 3.000 Euro erzielst. Kostet dein Produkt oder deine Dienstleistung 1 Euro, müssen es 3.000 Verkäufe sein. Was glaubst du, ist einfacher?

Es ist deutlich einfacher, wenige Produkte teuer zu verkaufen, als viele günstige Produkte. Schließlich bewegst du dich mit teureren Produkten und Dienstleistungen unter weniger Konkurrenten. Schließe also den Fragen des ersten Kapitels die Frage an: Welche dieser Ideen kann ich besonders teuer und mit einer besonders hohen Marge verkaufen?

5 Weniger ist mehr

Ein Problem, mit dem auch wir lange zu kämpfen hatten, ist, zu viel auf einmal machen zu wollen. Gerade zu Beginn herrscht große Unsicherheit im Bezug auf den Erfolg des Geschäftsmodells. Daher entschließt man sich rasch, gleich mehrere Dinge gleichzeitig anzugehen. Mit dieser Strategie wirst du allerdings auf lange Sicht verlieren. Robert Kiyosaki hat für dieses Problem einen hervorragenden Ansatz gefunden, den er mit FOCUS abkürzt. FOCUS steht für „Follow one course still you are successful." Es gilt bei der Gründung eines Business zunächst, sich auf ein Geschäftsfeld zu konzentrieren und später innerhalb dieses Geschäftsfeldes, über verschiedene Themen und Bereiche, zu diversifizieren. Konzentriere dich dabei auf das, was du bzw. dein Unternehmen ganz besonders gut können! Diese Stärke gilt es gegenüber dem Rest auszuspielen, auszunutzen und konsequent auszubauen. Diese Strategie ist letzten Endes nicht nur langfristiger, sondern verspricht auch deutlich höhere Gewinne.

Bevor du neue Dinge oder weitere Personen hinzunimmst, solltest du dich immer erst fragen, was du eigentlich reduzieren oder gar eliminieren kannst. Das wird deine Prozesse und Lösungen nicht nur effizienter machen, sondern auch qualitativ erheblich verbessern.

6 Der verflixte erste Schritt

Nun bist du zufrieden und motiviert und sagst dir vielleicht „genial, jetzt kann ich loslegen!" Auch in diesem Stadium waren wir schon häufig, aber tatsächlich den ersten Schritt zu tun, ist nochmal etwas ganz anderes. Der wichtigste Tipp überhaupt klingt daher sehr trivial und ist dennoch mit Abstand am schwierigsten zu realisieren.

Anfangen und Erfahrung sammeln!

Die Erfahrung ist das einzige im Leben, das man nicht auf Papier lernen kann; je früher du damit beginnst, umso steiler wird deine Lernkurve sein. Uns hat geholfen, wenigstens fünf Minuten täglich in unser Business zu investieren – komme was wolle! Nur so kannst du wichtiges Momentum, Fortschritt und Selbstvertrauen aufbauen. Außerdem muss ein Business, gerade wenn es im Onlinebereich ist, nicht teuer sein. Du kannst schon mit wenigen Euro im Monat durchstarten und organisch wachsen. Wenn du dabei Hilfestellung brauchst, kannst du dich jederzeit an mich wenden.

Ökoethinvesting reicht nicht!

„Wer seinen Wohlstand vermehren möchte, der sollte sich an den Bienen ein
Beispiel nehmen. Sie sammeln den Honig, ohne die Blumen zu zerstören.
Sie sind sogar nützlich für die Blumen."

Siddhartha Gautama (Begründer des Buddhismus)

Nachdem ich mich nun schon über ein Jahrzehnt intensiv mit dem Wirtschafts-
und Geldsystem auseinandersetze, habe ich verstanden, dass die Welt auf ökonomischen Füßen steht. Nahezu alle Entscheidungen werden von ihren wirtschaftlichen Auswirkungen abhängig gemacht. Wir sind derart abhängig geworden von der Wirtschaft, dass Krisen an den Finanzmärkten, die mit der
Realwirtschaft gar nichts zu tun haben sollten, diese in tiefe Krisen stürzen. Die
Leidtragenden sind zumeist kleine Anleger, Arbeitnehmer von Aktiengesellschaften und ganz besonders die ärmere Schicht der Bevölkerung in den sogenannten „Entwicklungs- und Schwellenländern".

In meinen Augen ist auch in Zukunft mit Krisen am Finanzmarkt zu rechnen. Schließlich gewinnt der aggressive angelsächsische Kapitalismus sukzes-
siv die Oberhand über die ursprünglich lobenswerte Idee einer sozialen Markt-
wirtschaft. Der Hintergrund ist einfach erklärt: Unser gesamtes Wirtschaftssystem ist auf Gewinnmaximierung ausgelegt. Das heißt, dass es das erste und
oberste Ziel von Unternehmen ist (und im Rahmen unseres herrschenden Systems auch sein muss), den finanziellen Gewinn zu maximieren. Das gilt auch
für nachhaltige Unternehmen. Diese versuchen allerdings, neben dem finanziellen auch den ideellen Gewinn zu maximieren. Nichtsdestotrotz ist klar, dass
Rendite immer mit Ressourcenverbrauch und einem gewissen Grad an Ausbeutung der Natur (und des Menschen) verbunden ist. Es ist diese Ausbeutung,
die gerade uns in den westlichen Industriestaaten Wohlstand beschert.

Ghandi sagte einmal: „Sei du selbst die Veränderung, die du dir wünschst für die Welt." Ich verstehe von Jahr zu Jahr und von Erfahrung zu Erfahrung immer mehr, was diese Worte wirklich bedeuten – und ich komme zu dem Schluss, dass er absolut Recht hat. Wir müssen erst uns selbst ändern, bevor sich unsere Gesellschaft ändern kann. Verantwortung ist einmal mehr das zentrale Stichwort. Je stärker mein Handeln von einem nachhaltigen Gedanken geprägt ist, umso spürbarer sind die Auswirkungen auf die Menschen in meiner mittelbaren und unmittelbaren Umgebung. Das habe ich immer wieder beobachtet und selbst erlebt. Deshalb ist es in meinen Augen nicht ausreichend, ökologisch und sozial zu investieren, und sonst alle anderen Lebensbereiche unberührt zu lassen. Die wichtigsten Fragen in diesem Zusammenhang sind für mich:

- Wie gehe ich mit meinen Mitmenschen um?
- Wie ist es um mein Konsumverhalten bestellt?
- Lebe ich minimalistisch oder maximalistisch?
- Wie verdiene ich mein Geld?
- Wie gehe ich mit der Natur um?
- Spende ich regelmäßig?
- Helfe ich freiwillig?

Ich habe ein ganzes Buch zu dem Paradox verfasst, dass man umso mehr zurückerhält, je mehr man zu geben bereit ist. Wir müssen uns alle an unsere eigene Nase packen, wenn wir die Welt verändern wollen. Investiere dein Geld also nicht nur ökologisch-nachhaltig und ethisch-sozial, sondern benutze es auch im Alltag möglichst nachhaltig. Ich weiß selbst, wie schwer das ist, gerade mit steigendem Einkommen. Schließlich orientieren sich unsere Ausgaben immer an unseren Einnahmen (Engel-Kurve). Je mehr wir verdienen, umso mehr konsumieren wir. Das heißt aber noch lange nicht, dass wir auch mehr Dinge benötigen. Ganz im Gegenteil! Wir können unseren Konsum bewusst nur auf die notwendigen Dinge beschränken: auf das, was wirklich wertvoll für uns ist. Darüber hinaus schätzen wir die wenigen Dinge, die tatsächlich einen Zweck erfüllen und die wir tatsächlich brauchen sehr viel mehr. Ökoethinvesting kann ein Teil des ökologisch-nachhaltig und ethisch-sozial orientierten Lebensstils sein. Es würde bedeuten, dass wir nicht mehr vor unserem kapitalistischen System flüchten oder wegsehen, sondern pragmatisch und vorausschauend darin handeln, um es zu verbessern. Auf diese Weise vereinen wir das beste aus zwei Welten, die sich zu widersprechen scheinen.

Ich wünsche dir allen erdenklichen Erfolg dabei Ökoethinvesting in deine finanziellen Pläne zu integrieren. Bei Fragen, Anregungen oder Hinweisen kannst du dich jederzeit an mich wenden (chris@indie-bücher.de). Ich freue mich über jeden Kontakt. Damit du dich auch mit anderen Lesern austauschen kannst, habe ich die Facebook-Gruppe „Ökoethinvesting – Community für ökologische und ethisch-soziale Investoren" ins Leben gerufen. Sie soll dazu dienen, Strategien, Tipps und Tricks miteinander auszutauschen und sich gegenseitig zu unterstützen.

Sollte dir dieses Buch gefallen haben, freue ich mich natürlich sehr darüber, wenn du es in deinem Umfeld weiterempfiehlst. Je mehr Menschen von Ökoethinvesting erfahren und es letztlich auch praktizieren, umso größer die Chance, dass wir unser Verhältnis zu Mensch und Natur wirklich nachhaltig zum Positiven verändert und voranbringt. Mit den besten Wünschen

Christopher Klein

Weitere Titel von KLHE finance

216 Seiten
ISBN 978-3947061334
Auch als eBook und Hörbuch erhältlich

Eine einzigartige Schritt-für-Schritt
Anleitung zu finanzieller Freiheit und
sicherem Vermögensaufbau durch
passives Einkommen!

152 Seiten
ISBN 978-3947061365
Auch als eBook oder Hörbuch erhältlich

Verstehe die Blockchain-Technologie
und lerne strategisch in
Kryptowährungen zu investieren.

152 Seiten
ISBN 978-3947061150
Auch als eBook oder Hardcover erhältlich

Endlich leben ohne Bankberater?
Jetzt (auch als Anfänger) intelligent und
erfolgreich in ETFs investieren und im
Faulbär-Modus vermögend werden.

168 Seiten
ISBN 978-3-947061-48-8
Auch als eBook und Hörbuch erhältlich

Mache Dich jetzt mit uns auf die Reise
und pflanze einen Geldbaum, der im
Laufe der Jahre immer größere und
saftigere Früchte abwerfen könnte.

132 Seiten
ISBN 12345678998
Auch als Hörbuch oder Hardcover erhältlich

Familie Zufall beschließt, endlich aus dem Hamsterrad auszubrechen. Mithilfe der Strategien von Karl Kulation gelingt Ihnen die Flucht aus der Tretmühle.

148 Seiten
ISBN 978-3947061464
Auch als eBook oder Hardcover erhältlich

Unser Geldsystem provoziert Finanzkrisen und macht uns alle sukzessive ärmer, kränker und unzufriedener. Verstehe das Hamsterrad unserer Zeit.

120 Seiten
ISBN 978-3947061433
Auch als eBook oder Hörbuch erhältlich

Der letzte Sparratgeber, den du jemals lesen wirst. Funktioniert sogar, selbst wenn du wenig verdienst!

168 Seiten
ISBN 978-3947061372
Auch als eBook oder Hardcover erhältlich

Ein verständlicher, solider Einstieg in die Welt der Aktien. Lerne anhand konkreter Strategien, ein Vermögen aufzubauen. Inklusive Dividendenchampions!

KLHE *finance*